FACEBOOK & INSTAGRAM ADS

Il Manuale Più Completo per Creare Campagne Pubblicitarie con le Migliori Metodologie per il Successo

FRANCESCO PAPA

Facebook & Instagram ADS © 2019 Francesco Papa - Tutti i diritti riservati

È vietata la riproduzione, anche parziale, dei contenuti di questo libro. Tutti i diritti sono riservati in tutti i paesi, compresi i diritti di traduzione, di memorizzazione elettronica e di adattamento totale o parziale, con qualsiasi tecnologia.
La riproduzione di contenuti richiede esplicita autorizzazione scritta dell'Autore.

SOMMARIO

Introduzione 1
Facebook & Instagram per il Business 6
    Le tipologie di inserzioni pubblicitarie 12
Creazione di una Campagna 17
    Passo 1 – Scelta dell'obiettivo e del formato della campagna 19
    Passo 2 – Definizione del Target 23
    Passo 3 – Determinazione di budget, durata e modalità di addebito 33
    Passo 4 – Costruire la creatività in Target 38
    Passo 5 – Conferma dell'inserzione 43
    Passo 6 – Monitoraggio della campagna 45
Perché la mia Ad non va? 47
A/B Testing per Facebook & Instagram 52
Importanza di commenti, likes e visualizzazioni 58
    Accorgimenti per Facebook 62
    Accorgimenti per Instagram 69
Attento a rispettare la Policy di Facebook! 74
Copywriting per le Ads 77
Re-Marketing & Re-Targeting 85
Lead Ads & Lead Generation 92

Fidelizzazione dei clienti 96
   Le potenzialità dei gruppi Facebook 98
   I blog: un'opportunità per le PMI 101
   Newsletter ed e-Mail Marketing 104
   Le App 107
   Contest e concorsi online 109
Come controllare i dati e analizzarli 115
   Il calcolo del ROI 127
DISCLAIMER 131

Introduzione

In un mondo sempre più spinto verso il **digitale**, e la relativa digitalizzazione dei rapporti interpersonali ed aziendali, terreno fertile hanno ovviamente trovato gli ormai famosi social network, o servizi di rete sociale.

In quest'ambito ricopre un ruolo fondamentale **Facebook**, la cui nascita risale al 2004, dal genio di Mark Zuckerberg ed alcuni suoi collaboratori. Sorge in quanto **agorà**, luogo virtuale dove incontrare gente nuova e tenersi in contatto con chi già si conosce, ma molto presto Facebook diventa il social network più visitato e frequentato in Italia e nel mondo. Popolato da oltre un **miliardo** di utenti – tra cui più di 25 milioni di italiani – è ben presto divenuto la piattaforma **preferita** sia dei privati che delle aziende, che si contendono il suo abnorme potenziale in termini di marketing.

Inutile ricordare che Facebook è riuscito a conquistarsi una **community** davvero **ampia**, variegata, trasversale ed eterogenea, tra generazioni e classi sociali, surclassando altri social più anziani come **MySpace**, che è sempre stato considerato il suo concorrente più temuto. Rispetto a quest'ultimo però, il successo di Facebook è da ricercare nella sua **inter-**

faccia semplice, pulita ed intuitiva, che rende la navigazione fruibile a qualunque tipo di utente, persino al meno esperto.

In termini di visibilità e contenuti – che anno dopo anno si fanno sempre più variegati e pratici – Facebook ha lasciato indietro anche social più professionali e di nicchia come **LinkedIn**, popolato globalmente da più di 300 milioni di utenti. Seguito pari passo da **Twitter** e **Instagram**, vediamo come anche quest'ultimo social network – soprattutto dopo l'acquisto da parte di Facebook – sia divenuto una vera e propria agorà virtuale, sia per privati che per aziende, privilegiando una funzione in particolare fra tutte le altre: la **condivisione** di **immagini** in tempo reale.

Fondato solamente sei anni dopo, da Kevin Systrom e Mike Krieger (due sviluppatori che stavano cercando di dare alla luce tutt'altro tipo di applicazione) Instagram ha saputo trovare un escamotage davvero interessante per conquistarsi e mantenere salda la propria utenza, creando un'audience in termini prettamente numerici paragonabile a quella del primato Facebook.

Curioso anche il nome dell'applicazione: Instagram, una cresi ben congeniata tra le parole "Instant camera" e "telegram"; che dell'**istantaneità** ha fatto il proprio marchio. Con oltre cinquecento milioni di utenti attivi ogni mese, e più di centocinquanta milioni di immagini condivise, Instagram è un altro colosso digitale, una vera e propria gallina dalle uova d'oro per le aziende che, dopo aver compreso il suo invidiabile **potenziale**, hanno deciso di sfruttarlo al meglio.

Si sa: la pubblicità si basa sul diffondere un messaggio davanti al pubblico di destinazione, ovunque sia la sua destinazione, proprio per questo, e grazie alla possibilità di caricare un'immagine in pochissimi secondi modificandola applicando i vari filtri e condividendola con una platea spropositata che conta milioni e milioni di utenti, è fin troppo semplice attirare l'**attenzione** del **pubblico**, sfruttando però in maniera sapiente e mirata ciò che Instagram mette a disposizione.

Dunque, funzionalità come i **Facebook ADS** e gli **Instagram ADS**, le Stories, gli hashtags, gli Insights, sono solo alcune delle **migliorie** che i due colossi hanno instaurato nel tempo, per rendersi sempre più fruibili, raggiungibili e vendibili. Una vera e propria opportunità (attenzione però, non gratuita) che ogni PMI dovrebbe afferrare al volo per **sponsorizzarsi** ed **accrescere** la propria **clientela**.

I **vantaggi** che il marketing digitale offre ad ogni PMI sono **incalcolabili**, ma soprattutto concreti ed alla portata di ogni azienda: in primo luogo viene offerta un'alta possibilità di calcolare la **resa** degli **investimenti**, grazie a specifici algoritmi; i budget di accesso, gli investimenti, sono veramente bassi, soprattutto se comparati a quelli che offrono altri mezzi, più accessibili quindi alle disponibilità di una azienda; altro elemento fondamentale da tener conto poi è la **flessibilità**: la maggior parte delle opportunità offerte permettono di gestire in modo flessibile l'impegno nel tempo e di commensurarne gradualmente le azioni; da non dimenticare poi il suo elevato potenziale per l'**internazionalizzazione**: online non esistono **confini**, e con le giuste attività, mirate per i giusti mercati, un' azienda può far veramente udire la propria voce, riuscendo a trovare clienti in ogni parte del globo.

Il marketing digitale inoltre, dà la possibilità di **raggiungere** qualunque **segmento di mercato** : in rete spesso sono le persone a cercare le aziende, e non viceversa, attraverso i motori di ricerca e grazie al **passaparola**, questo rappresenta un notevole vantaggio in termini di investimento e di tempo, per le aziende che si rivolgono a target group particolari di consumatori; e l'opportunità di poter usufruire d' una comunicazione diretta, direttamente con il consumatore, con il cliente, permette e favorisce un dialogo diretto, senza passare attraverso social media o canali di comunicazioni fin troppo saturi. Ricapitolando, il **marketing digitale** gode di talune caratteristiche che lo rendono malleabilmente adatto nelle mani di una PMI: flessibilità, **investimenti equi e bilanciati**, la forte azione di controllo esercitabile, relazioni dirette e svincolate, obiettivi internazionali e precisi e capacità di raggiungere qualunque tipo di **target group**.

Facebook & Instagram per il Business

Come è già stato ampiamente spiegato, i due più noti ed utilizzati social network in circolazione – Facebook ed Instagram – costituiscono attualmente il **canale migliore** per veicolare un messaggio rapido, sicuro ed in grado di raggiungere quante più persone possibile. Un servizio questo – se **studiato** e **ragionato** in maniera intelligente ed efficace – applicabile anche al mondo del marketing digitale.

Da molti anni infatti, i due colossi offrono **servizi** ed agevolazioni varie, pensate proprio per quelle aziende che desiderano **promuoversi** sul **web** in modo autonomo, efficace, che non è sinonimo di **gratuito**.

Sia sulla piattaforma di Facebook che su quella di Instagram è nata la possibilità di creare **profili aziendali** e **pagine pubbliche** (anche chiamate **fan page**) per promuovere la propria azienda, i propri prodotti e le proprie idee, a fini ovviamente commerciali.

Per quanto riguarda Facebook, il social network per eccellenza, le cose sono messe in chiaro fin da subito: se si vuole sponsorizzare, pubblicizzare un'azienda, o veicolare immagini e contenuti relativi ai propri prodotti occorre **aprire** una **pagina Facebook**, che dev'essere necessariamente **collegata** ad un **profilo personale.**

In passato, prima che Facebook introducesse questa possibilità, le aziende, i marchi ed i brand erano soliti sponsorizzare i loro prodotti ricercando visibilità attraverso i profili privati che – oltre a violare i termini di servizio dello stesso social network – **creavano** senza alcun dubbio un bel po' di **confusione.**

Ad oggi le cose sono cambiate, la **piattaforma** ed i suoi algoritmi si sono **aggiornati**, ed è possibile aprire una pagina – piuttosto che utilizzare un profilo privato e rischiare il ban – per sponsorizzare la propria azienda, avere un **dialogo diretto** e privo di filtri con i propri fan e potenziali clienti e fidelizzarli grazie all'uso di strumenti quali i **post**, le **inserzioni** (ADS), le **stories** ecc..

L'importanza della pagina Facebook è presto detta: la pagina rappresenta in tutto e per tutto l'azienda, il marchio o il brand di chi la crea, ne fa le veci di **vetrina virtuale** ed in quanto tale dev'essere **curata** e ben tenuta se si vuole ottenere un buon **riscontro** di **pubblico**. È risaputo infatti che gli utenti del web diffidano di pagine poco curate, scialbe, gestite male – in taluni casi abbandonate a sé stesse – o che presentano una brutta grafica.

Quest'ultimo fattore (prettamente estetico ma non per questo da sottovalutare) potrebbe apparire esagerato o di poco conto, ma riveste invece un'**importanza** assoluta, specie in un mondo sempre più all'avanguardia, in cui ogni singolo prodotto e servizio, prima di tutto si acquista con gli occhi.

La pagina, inoltre, proprio perché rappresenta l'azienda dovrebbe essere gestita diversamente dal proprio profilo personale (andrebbero tenute separate le due cose), favorendo contenuti che invogliano all'acquisto o anche alla semplice **affiliazione**, proponendo **post nuovi ogni giorno** e mantenendo un linguaggio ed un'immagine quanto più professionali possibile.

Un discorso non troppo diverso va fatto anche per Instagram che dà la possibilità di creare un **profilo aziendale** (chiamato anche **business**, che ha dunque funzioni similari alla pagina Facebook) per sponsorizzare il proprio marchio, la propria azienda ed i propri prodotti. La differenza tra i due social network si nota appena, specie da quando entrambi hanno a capo lo stesso CEO: Mark Zuckerberg, che ha acquistato Instagram per un miliardo di dollari alcuni anni fa. Le funzionalità offerte dalle due app sono pressappoco similari, sebbene Instagram rimanga più improntata verso le **foto** – (istantanee o meno) a cui aggiunge la possibilità di applicare qualunque tipo di **filtro** – e le **stories**. Da qualche tempo però, anche Facebook ha aggiunto le proprie stories e collegando un account Instagram ad uno Facebook è possibile condividere la stessa storia su entrambe le piattaforme con un semplice click.

Proprio in virtù di questo, aprire una pagina Facebook o un profilo aziendale Instagram, rispetto ad un profilo privato ha i suoi vantaggi in quanto, è possibile visualizzare le **informazioni** generali di **contatto**, accedere ai dati **Insights** (riguardanti l'età dei followers ma non solo) su post e storie specifiche; creare un **contatto immediato** con la propria utenza, e dei post "targettizzati" e mirati in base ai dati statistici rilevati; ed ancora, valutare le **impression**, cioè il numero maggiore di visualizzazioni dei post e delle stories; valutare la **copertura** (definita anche **reach**): il numero di **followers** suddivisi per account singoli che hanno visualizzato i post o le stories; valutare i **click** sul sito web, il numero effettivo di click che collegano ai link inclusi nella descrizione del profilo business, ed infine valutare le **visualizzazioni** sul **profilo**, cioè i singoli account – suddivisi in gruppi per età, provenienza geografica ed orario di visualizzazione – che hanno visualizzato il proprio profilo aziendale o business.

Gli strumenti proposti da Instagram e Facebook sono opportuni per le aziende interessate ad aumentare l'**Engagement**, cioè il "**coinvolgimento**" del pubblico attraverso la nascita e la crescita di un **legame**, che intercorre direttamente tra impresa e follower, basato sulla **fiducia reciproca**, e che ha come fine ultimo quello di trasformare questi in **clienti effettivi** o potenziali.

Gli strumenti di Insights, inoltre, consentono di avere accesso ai dati riguardanti le generalità e le **preferenze** dei propri **follower** e di conseguenza permettono di qualificare e quantificare la performance dell'attività proposta, consentendo all'azienda di poter **modificare** o confermare la maniera **scelta** con la quale si presenta al pubblico.

Appurato ciò, ogni azienda per sfruttare appieno il potenziale che i social network le offrono, dovrebbe prendere in considerazione la possibilità di investire in una **campagna pubblicitaria**. Senza elencare i vantaggi che iniziare un'impresa del genere avrebbe (sono certamente di più degli svantaggi), è utile ricordare che prima di iniziare una campagna andrebbe "**tastato il terreno**", studiando una buona tattica, con degli obiettivi chiari e precisi. Quest'attività all'apparenza facile – ma neanche troppo complessa se si entra nel meccanismo – usufruisce degli Insights provenienti da Facebook e da Instagram per veicolare e lanciare le cosiddette **ADS** o **ADV (Advertising**, dall'inglese) cioè le **inserzioni pubblicitarie a pagamento**, utili a far sponsorizzare ciò che l'azienda vuol vendere.

Ovviamente, ci sono diversi tipi di **ADS** ed ognuna si presenta ed **influisce** in maniera differente **sul pubblico**, in questo modo è facile comprendere quali ADS sono più efficaci per un determinato bacino d'utenza e quali invece non lo sono affatto.

Per comprendere su quale tipo di ADS si voglia puntare ed investire, è necessario tenere a mente quello che sarà lo scopo della campagna, in poche parole che cosa si sta cercando di ottenere e qual è l'obiettivo principale (o gli obiettivi). Alcuni degli obiettivi di una campagna potrebbero essere: incrementare la notorietà del Brand, creare o allargare la propria fanbase, aumentare le vendite generali, massimizzare la visibilità di un singolo post o di un gruppo di post, ottenere likes ai post, generare leads e così via. (Ottenere likes alla pagina o profilo aziendale non contribuisce alla fidelizzazione dell'utente o alla sponsorizzazione della pagina, meglio concentrarsi su di un singolo post). Avere le idee chiare sul tipo di obiettivo che si mira a raggiungere con una determinata campagna, aiuta nel passo successivo e cioè capire che tipo di ADS si desidera utilizzare nella campagna, per raggiungere quell'obiettivo.

Le tipologie di inserzioni pubblicitarie

Esistono diversi tipi di inserzioni ma tra le principali troviamo:

- Link: sicuramente una delle più utilizzate, generalmente per le inserzioni a obiettivo invio ad una destinazione interna o esterna a Facebook o conversione. Il link ha come anteprima una singola foto, un video o uno slidehow. È possibile inserire anche un invito all'azione strategico (es: "scopri di più", "acquista ora", "download ecc.);

FACEOOK & INSTAGRAM ADS

- **Carosello**: un formato che permette di **promuovere** un link in più box o **più link** nello **stesso annuncio**. Proprio come in un carosello, i box si possono scorrere e si può addirittura inserire una card finale con l'immagine di profilo della pagina che invita a scoprire di più sul sito;

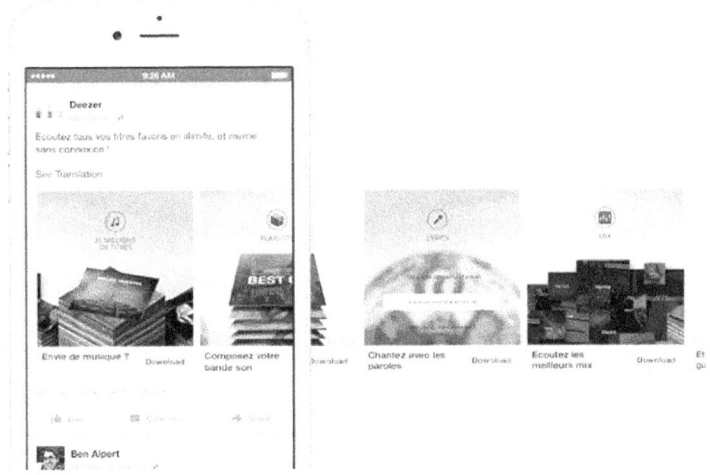

- **Video**: uno dei formati più ingaggianti della piattaforma, si può utilizzare "**in solitario**" o in **sostituzione** all'**immagine** di **anteprima** del **link**. In linea di massima, sarebbe opportuno utilizzare video brevi e significativi.

- **Canvas**: si tratta di formati speciali (pensati per il mobile) – una sorta di **landing page interna** a Facebook – che usufruiscono della stessa tecnologia della Facebook App, e che consentono un upload molto rapido. Sono **personalizzabili** e divisi per sezioni e al loro interno è possibile inserire video, link, caroselli, foto, testo, inviti all'azione e panoramiche, i quali offrono un'esperienza totalmente immersiva;

FACEOOK & INSTAGRAM ADS

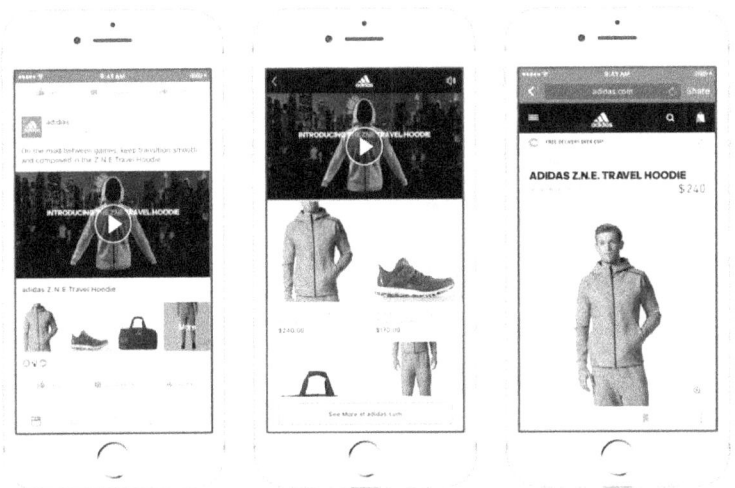

- **Lead Ads**: questo formato permette alle aziende di **ottenere contatti** in modo rapido, semplice ed efficace. Permette infatti di avere **accesso** ai **dati** dell'utente in due semplici click **senza abbandonare** la **piattaforma**.

Altro strumento utile poi per gestire il proprio traffico pubblicitario in uscita è il **Business Manager**, introdotto nel 2015 da Facebook. Un tool di gestione (e dunque professionale) capace di racchiudere in un'unica piattaforma tutti gli account pubblicitari, aziendali, le pagine ed i profili business per controllare tutto con più facilità e senza necessariamente condividere le informazioni di accesso o connettersi.

Creazione di una Campagna

Come si è potuto constatare, la creazione di una campagna pubblicitaria è un passaggio oramai obbligatorio per un'**azienda** che mira a farsi conoscere e a **raggiungere** quante **più persone possibile**. La campagna pubblicitaria costituisce un'opportunità a dir poco unica ed irripetibile per veicolare un'offerta attraverso annunci di inserzioni (Ads) che è possibile **targettizzare** in maniera estremamente **specifica** e minuziosa, dopo aver individuato il proprio target di riferimento. Ma quale piattaforma scegliere?
Oramai sono tante le realtà sul mondo del web, ed i servizi messi in gioco da **Google Ads**, **Microsoft Bing Ads** non sono poi così diversi da quelli di **Facebook Ads** ed **Instagram Ads**, cambiano solo i **procedimenti**, e la quantità di denaro che si andrebbe a risparmiare preferendo i social network per lanciare la propria campagna.
Perché dunque proprio i **social network**? Inutile ribadire nuovamente che essi rappresentano un **investimento sicuro** ed **intelligente**, specie per quelle PMI agli inizi che non hanno le possibilità di avviare una campagna enorme e che, di conseguenza, non hanno nemmeno la **possibilità finanziaria** per portarla avanti.

Ovviamente l'Advertising su Facebook ed Instagram racchiude un **fascino unico**, perché nessun altro social come questo è in grado di consentire ai Brand di raggiungere **nicchie** di target così **precise** ed **affilate**.

Nessun altro luogo online oggigiorno, diverso dai social network, **conosce meglio le persone**.

Basti pensare che per via dell'ingente quantità di **informazioni** che ogni giorno Facebook ed Instagram si ritrovano a **raccogliere**, i due colossi hanno dovuto aprire moltissimi **Data Center** in cui vengono stipati i loro beni più preziosi: i **dati delle persone**.

Facebook rappresenta il social network che più di chiunque altri conosce le persone e la loro storia in profondità: nomi, cognomi, indirizzi, numeri telefonici, e-mail, dati ed informazioni personali di ogni tipo, compreso **cosa piace** alla gente **e cosa no**.

Va da sé che tutti questi dati costituiscono un **valore inestimabile** per le aziende.

Instagram, invece, deve il suo boom alla scelta innovativa di comunicare attraverso le immagini; popolato da una **platea** più **giovane** (determinante anche la sua nascita più fresca rispetto a Facebook) ma che ha già la dimestichezza sufficiente per raccontarsi sulla nota piattaforma.

Pianificare campagne su queste due piattaforme può quindi rappresentare una grande **opportunità**

per i marchi che hanno intenzione di investire anche budget limitati su più campagne con messaggi di comunicazione creati ad hoc per i vari target, insistendo quindi su **Insights** differenti.

Passo 1 – Scelta dell'obiettivo e del formato della campagna

Nel concreto, quando si pianifica una campagna su Facebook o su Instagram è preciso compito dell'inserzionista decidere **quanto** l'azienda **vorrà spendere** per ogni inserzione. Dunque, non solo il budget ma anche il tipo di offerta preferita se **CPC** (costo **per click**) o **CPM** (costo per **mille impression**), il pubblico da targettizzare e numerosi altri elementi, che andranno a determinare effettivamente il numero di persone alle quali verrà esposta l'inserzione.

Per calcolare il numero di persone potenzialmente interessate, a seconda del budget, targetizzazione ed offerta, i social mettono a disposizione alcuni **strumenti** molto utili per **ragionare strategicamente** durate la prima fase della campagna:

- **La Copertura Potenziale** serve a stimare in modo approssimativo il numero di persone presenti sulle due piattaforme che presentano le **caratteristiche** che si sono **decise** in fase di targetizzazione;

- La **Copertura Giornaliera stimata** illustra approssimativamente il **numero di persone** che l'inserzione è **in grado di raggiungere** quotidianamente, tenendo conto delle scelte fatte in termini di budget e offerta.

Una pianificazione su Facebook o su Instagram è composta da tre parti, e presenta una struttura definita ad albero o ad **imbuto**:

la campagna → il gruppo di inserzioni → la singola inserzione.

Per arrivare a quest'ultima, si parte sempre dalla creazione di una campagna, che costituisce il **primo step** di ogni pianificazione. A questo primo livello si specifica un **obiettivo pubblicitario** (che può essere promuovere una Pagina o un profilo aziendale). L'obiettivo pubblicitario mette in chiaro che **cosa si vorrebbe ottenere** con l'inserzione e, di conseguenza, con la campagna.

Un gruppo di inserzioni viene collocato all'interno di una campagna, ed in questo modo si crea un'audience per l'inserzione utilizzando le opzioni di **targetizzazione** di Facebook o di Instagram, si specifica il **budget** e si imposta una **programmazione** per l'inserzione, correlata di tutti i dettagli del caso.

Una campagna permette di creare più gruppi di inserzioni, ciascuno con livelli di targetizzazione, programmazione e budget diversi.

L'inserzione **è ciò che vedrà l'utenza**. A livello dell'inserzione vengono decisi i contenuti creativi da mostrare, che comprendono elementi come immagini, video, testo ed un pulsante di invito all'azione (call to action).

All'interno di un gruppo di inserzioni si possono avere **più inserzioni**.

In sintesi, la **pianificazione** di una campagna su Facebook o su Instagram è molto **semplice** e le piattaforme guidano passo dopo passo l'inserzionista nella costruzione della stessa. Tuttavia, è opportuno conoscere tutte le fasi, prima di avviare una campagna, in modo tale da poter **pianificare strategica-**

mente e concretamente, tenendo a mente tutte le offerte proposte da Facebook e da Instagram soprattutto in termini di advertising.

Il primo passo da fare per dare il via ad una campagna è quello di decidere l'obiettivo che si vuol raggiungere.

L'obiettivo dovrà essere stato necessariamente definito in fase strategica: perché si ha il bisogno di pianificare su Facebook o su Instagram?

Le piattaforme danno la possibilità di scegliere uno, fra gli obiettivi proposti:

- innalzare la notorietà del Brand;
- aumentare la copertura di un post;
- direzionare traffico in uscita verso un sito o una app;
- generare un'azione sul post (like, commenti);
- incrementare le visualizzazioni di un video;
- trasformare il click in una reazione: call to action (per esempio un acquisto o scaricare applicazioni)

→ N.B. La call to action altro non è che un invito all'azione, nel linguaggio di web marketing. Esistono diversi tipi di call to action, con richieste in grado di coinvolgere l'utente in maniera più o meno impegnativa. Alcune CTA possono essere: scaricare un'app gratuita, guardare un video, commentare un post o invitare all'acquisto. Una strategia di marketing intelligente combina diversi tipi di CTA creandone una serie, con il fine di raggiungere l'obiettivo prefissato. (Ad esempio, dare la possibilità all'utenza di scaricare un ebook in maniera totalmente gratuita, invoglierà ad acquistare un prodotto od un servizio in futuro, generando una sorta di fiducia verso il Brand).

L'obiettivo che si individua in fase strategica è molto importante perché da questo dipendono le opzioni relative all'ottimizzazione e ai costi per ogni obiettivo.

Passo 2 – Definizione del Target

Una volta definito l'obiettivo della campagna, si passo al livello successivo, quello del **gruppo di inserzioni**. Questo passaggio è di fondamentale importanza per **identificare** dettagliatamente il **pubblico** al quale si cerca di rivolgersi. Per quanto riguarda Facebook, questa parte riveste maggior importanza rispetto a come viene trattata in qualunque altra piattaforma di advertising: su Facebook, infatti, è possibile **segmentare** il **pubblico**, suddividendolo in **micro-sezioni**, alle quali **inviare** un **messaggio targettizzato** sulla base delle proprie caratteristiche. I filtri per intercettare la porzione di pubblico di riferimento sono numerosi ed estremamente precisi e dettagliati.

Accanto al pannello che consente di scandagliare le persone sulla base dei numerosi filtri disponibili, Facebook indica con la voce "**Copertura potenziale**" il <u>numero di persone presenti sul social network con le caratteristiche selezionate</u>. Più si aggiungono **filtri**, più il **numero** di persone presenti su Facebook con quelle caratteristiche si **assottiglia**.

In questa fase è opportuno **valutare** attentamente il proprio **raggio d'azione**, quantificando il pubblico di destinazione su Facebook o su Instagram con le caratteristiche ricercate. Questo pannello è molto utile perché consente di **individuare** la **presenza** del proprio **target** all'interno del social network e di poter studiare eventuali segmentazioni del target, utili per **pianificare progetti** più specifici e sostanziosi, **giocando in creatività** (il formato pubblicitario che vuoi promuovere).

Da tenere a mente che il numero di persone che vede ogni annuncio è **variabile** e **dipende** dal **budget** investito e dalla durata del gruppo di inserzioni. L'alterazione delle dimensioni del pubblico potenziale che si ottiene selezionando le diverse opzioni di targetizzazione, illustra il numero di persone su Facebook che **potenzialmente** sarebbero **in target**. Il numero effettivo di persone che l'annuncio colpirà dipende però dall'investimento fatto e dalle tempistiche decise.

I **filtri** in base ai quali si può selezionare il proprio target di riferimento su Facebook **sono molti**, ed è interessante entrare nel dettaglio, per comprendere le potenzialità di targetizzazione che questo social network offre.

Filtrare in base al luogo — È sicuramente uno dei filtri più conosciuti e diffusi a molti social network. Su Facebook è possibile **geolocalizzare l'audience** di riferimento in maniera piuttosto precisa; grazie a questo filtro è possibile decidere di voler intercettare:

- **tutte le persone in questo luogo** – è la scelta basic e riguarda tutte le persone la cui casa o posizione più recente è stata registrata in questa zona;

- **le persone che di recente si trovavano in questo luogo** – sono le persone la cui ultima posizione è stata registrata in quest'area;
- **le persone che vivono in questo luogo** – tutte le persone che hanno informato la piattaforma che la loro casa si trova in quest'area;
- **le persone che viaggiano in questo luogo** – sono persone che sono stato geolocalizzate come ultima posizione in quest'area, ma la cui casa risulta altrove.

Dopo aver deciso quale tipologia di localizzazione utilizzare, si può selezionare l'**area** per **inclusione** o per **esclusione**, in maniera tale da colpire tutti gli utenti registrati in quel luogo o al contrario di volerli escludere.

Filtrare in base a età, genere e lingua — questo filtro permette di selezionare il pubblico di riferimento tenendo conto dell'**età** o del **sesso**, o della **lingua**, se come obiettivo si desidera raggiungere un pubblico che parla una lingua diversa rispetto a quella del luogo selezionato. È un **filtro utile** anche nei casi in cui gli utenti che si cerca di raggiungere risultano espatriati o che per questioni diverse si trovano all'estero.

La targetizzazione dettagliata — grazie a questa tipologia di filtri avanzata, Facebook avvantaggia l'inserzionista e gli permette di **selezionare** il **pubblico** in maniera molto più **affilata** e precisa; sono filtri speciali, proprio perché in questi filtri sono contenuti tutti i **dati** captati e **provenienti** direttamente dagli **innumerevoli database** che solo una piattaforma delle dimensioni di Facebook può vantare. Nel caso in cui ci si voglia rivolgere ad un segmento molto affilato di pubblico, è possibile aggiungere contemporaneamente sia filtri di inclusione che di esclusione, ottenendo in questo modo un'audience ibrida, costruita a pennello sulla base delle proprie esigenze specifiche di quel momento.

Filtrare in base a dati demografici — questo filtro è basato sui dati che le persone hanno rilasciato direttamente, ed in maniera autonoma, all'interno dei server di Facebook, specificando dettagli relativi a: istruzione, occupazione, composizione familiare, stile di vita e così via. Le categorie demografiche sono le seguenti:

- *Istruzione*: riguarda tutto ciò che concerne l'istruzione ricevuta, università e/o **scuole frequentate**, ed ambiti di studio rivolti.
- *Affinità di etnia*: questo filtro è disponibile solo in **USA** e segmenta le persone in **macrogruppi etnici** in base ai loro comportamenti registrati sulla piattaforma.
- *Generazione*: offre la possibilità di scegliere a quale segmento di audience rivolgersi in base all'**anno di nascita**.
- *Casa*: un altro filtro che permette di decidere se rivolgersi a persone che **vivono con familiari**, con coinquilini, o qualunque altra composizione del proprio nucleo familiare.
- *Avvenimenti importanti*: è un filtro particolare che sfrutta gli **avvenimenti importanti** che sono stati **dichiarati a Facebook** dagli utenti, che possono riguardare qualunque tipo d'ambito: dalla **laurea** appena conseguita, al master da poco iniziato, al **trasferimento** in una **nuova città**, all'inizio di una **nuova relazione**, o ancora alla **celebrazione** del proprio **matrimonio** o alla **nascita** di un **figlio**. Questa categoria racchiude tutti gli avvenimenti importanti che sono stati dichiarati a Facebook e

permette di scegliere quali filtrare e come farlo, favorendo alcuni rispetto ad altri in base alle proprie esigenze.

- *Genitori*: questo filtro si rivolge in maniera diretta ai genitori, dichiarati in quanto tali su Facebook, e permette di **suddividerli in base all'età dei figli**, decidendo a quale fascia puntare in maniera molto più precisa.
- *Relazione*: questo filtro permette di segmentare le persone a seconda del loro **orientamento sessuale** o romantico o basandosi sulla loro situazione sentimentale dichiarata al social network. Dà la possibilità ad esempio di avviare una campagna che colpisca solamente le persone **sposate** o per contro quelle **single**, escludendo tutte le altre situazioni sentimentali presenti.
- *Lavoro*: esattamente come specifica il nome, questo filtro offre l'opportunità di segmentare la propria audience **in base al lavoro dichiarato**, alla mansione svolta o al titolo ottenuto, favorendo un'esclusione o una inclusione di determinate categorie come ad esempio il singolo operaio, il datore di lavoro e così via.

Filtrare in base a interessi — questa voce consente di raggiungere specifici segmenti di pubblico attentamente selezionati sulla base di: **interessi, attività,**

hobbies, stile di vita e numerosi argomenti correlati. Tutti questi dati sono informazioni che possono essere considerate desunte dagli algoritmi di Facebook che registrano come si comportano le persone online. Queste informazioni è possibile estrapolarle da tutto ciò che gli **utenti riversano sulla piattaforma**, raccontandosi in maniera libera e priva di qualunque tipo di filtri. Le **macro-categorie** che Facebook propone sono le seguenti, ed è possibile scegliere se utilizzare l'intera macro-categoria ma anche solo alcune delle voci che la costituiscono nel suo insieme.

- *Cibo e bevande*: permette di selezionare chi ha **interessi** specifici per una **bevanda** o per una **tipologia** di **cibo in particolare**, piuttosto che per una determinata cucina o ristorante.
- *Commercio e industria*: consente di selezionare chi ha interessi in un **settore specifico**, dalla metallurgica al settore tessile, passando per quello tramviario e via dicendo.
- *Familiari e relazioni*: raggruppa tutte quelle **persone** che si sono dimostrate particolarmente **sensibili** o attente ad argomenti quali con **amicizia, famiglia, appuntamenti, maternità**, paternità e così via.
- *Fitness e wellness*: è la categoria che raggruppa tutte le **persone interessate** a qualunque tipo di **attività sportiva**, dal trekking

alla corsa, dal culturismo al nuoto e chi più ne ha più ne metta.

- *Hobby e attività*: è la categoria che racchiude qualunque tipo di **attività** fatta nel **tempo libero**, compresa la passione per gli animali domestici, la tipologia di musica preferita, i viaggi, le cause politiche ad ambientali, le forme d'arte e via dicendo.
- *Intrattenimento*: permette di selezionare persone interessate a varie **forme di intrattenimento** come: giochi, programmi TV, letteratura e musica.
- *Shopping e moda*: questa categoria racchiude tutte quelle persone **interessate allo shopping**, nelle sue forme più disparate.
- *Sport e attività all'aperto*: simile a fitness e wellness, questa categoria racchiude le persone interessate ad altri tipi di sport, con l'eccezione per le **attività svolte all'aria aperta**.
- *Tecnologia*: qui è possibile selezionare le varie persone interessate al **mondo tecnologico** nelle sue diverse forme.

Filtrare in base a comportamenti — questa sezione raggruppa i **comportamenti registrati** online dei diversi tipi di utenti e permette di selezionare l'utenza in base al comportamento scelto, o alle **abi-**

tudini e alle frequenze d'acquisto, al dispositivo utilizzato ed altri tipi di attività.

- *Attività digitali*: grazie a questo filtro è possibile filtrare quelle persone che **amministrano** almeno una **pagina Facebook** o che si dimostrano molto **attivi** sui **social**, selezionando persino tra i vari **browser utilizzati**.
- *Espatriati*: in combinazione al filtro luogo, è possibile selezionare tutte quelle persone d'una **determinata nazionalità** che per varie ragioni vivono all'estero.
- *Viaggi*: è filtro adatto per targetizzare quella fetta di pubblico interessata a questa attività, e che quindi **viaggia spesso**, che ha appena intrapreso un viaggio o che è appena tornata.

Filtrare in base alla relazione con il brand — questo filtro specifico permette all'azienda di rivolgersi esclusivamente alle **persone** che hanno già **effettuato** la prima **connessione** con la **Pagina** o che sono già state **fidelizzato**.

Detto questo, è importante tenere presente la possibilità di creare un **pubblico personalizzato** se l'intenzione è quella di mostrare un determinato annuncio solo ad una **specifica audience**.

- **Database clienti**: grazie ad una specifica opzione è possibile **importare** esternamente **contatti attingendo** direttamente alla propria **lista** di **persone**, e caricandola su Facebook, aggiungerla ad una determinata **cerchia targetizzata**. Questa operazione è del tutto sicura e non compromette in alcun modo le informazioni di terze parti, che non sapranno mai di essere stati aggiunti ad un pubblico Facebook.
- **Visite sul sito**: usufruendo di un determinato **pixel** di **Facebook** che è possibile inserire all'interno del sito, la piattaforma in questione offre la possibilità di **creare** un **pubblico personalizzato** composto solamente da coloro che hanno **visitato il sito** o una sua parte in un periodo di tempo da specificare.
- **Utilizzo dell'app**: è possibile anche creare una cerchia di pubblico composta solamente da coloro che hanno **utilizzato** una **determinata app** in passato.

Passo 3 – Determinazione di budget, durata e modalità di addebito

Come già detto, il budget è molto importante per avviare una campagna e consentire di portarla avanti nel tempo. Facebook ed Instagram permettono di selezionare – sotto la voce Budget – la quantità di soldi che si vuole **investire,** ed una volta ottenuta la cifra totale, decidere se dividerla per tutta la durata della campagna oppure se indicare un **budget giornaliero.** In quest'ultimo caso l'**importo** inserito verrà considerato il **massimo** che verrà speso da Facebook o da Instagram ogni giorno. Dopo aver adeguatamente effettuato tutte le scelte in termini di budget e durata, nella voce "**Copertura Giornaliera**" si andrà a stimare una cifra indicativa in riferimento al numero di persone che si potrebbero raggiungere su Facebook o su Instagram, grazie all'apporto di questo gruppo di inserzioni e sulla base delle scelte fatte in precedenza.

Poi, servendosi della voce "**Programmazione della durata**", è possibile stabilire il **giorno** in cui andrà **online** il **gruppo di inserzioni** e per quanto tempo resterà **visualizzabile.**

Nel caso si fosse optato per un budget giornaliero, la piattaforma permetterà di scegliere fra **due opzioni:**

- pubblicare il gruppo di inserzioni **permanentemente senza possibilità di stop;**
- pubblicare il gruppo di inserzioni in un determinato **periodo,** servendosi di **date specifiche** che permettano di **avviarlo** e **spegnerlo** manualmente e **strategicamente** a propria **discrezione.**

Naturalmente, nel caso in cui venga scelto un budget totale, sarà necessario scegliere una **data specifica**, dato che non sarà possibile distribuire sulla base di un budget giornaliero.

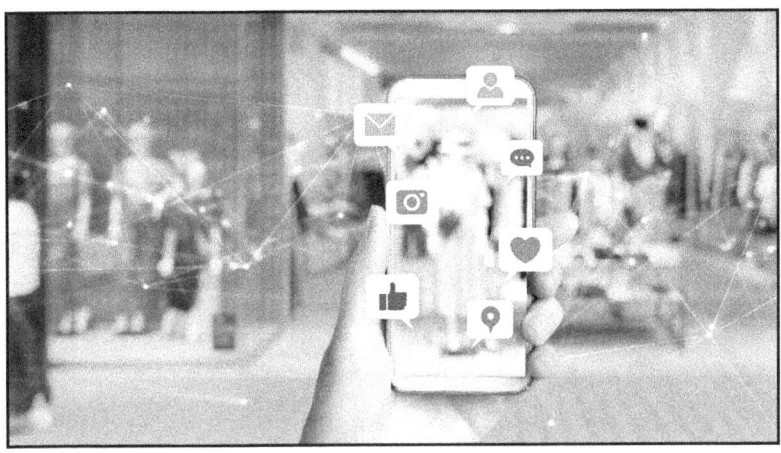

Una volta appurati tutti questi meccanismi e scelto l'obiettivo della propria campagna, è bene sapere che si sta allo stesso tempo indicando implicitamente che si preferisce ottenere quel **risultato** nel **minor tempo** e al **minor costo possibile**. Nella sezione "Ottimizzazione per la pubblicazione dell'inserzione", è possibile riscontrare voci differenti a seconda dell'obiettivo scelto; anche se Facebook ne imposta uno in automatico in linea con le scelte effettuate in precedenza relative alla campagna, di fatto, manualmente si può sempre optare per ottimizzare la campagna sulla base di un altro obiettivo.

Il **meccanismo** offerto dalle due piattaforme **lavora quindi liberamente** in base alla scelta effettuata riguardante l'obiettivo e quindi di conseguenza **propone diverse opzioni di ottimizzazione** in base al tipo di campagna che si intende avviare (Like, ADS, Page post link e così via).

Applicando talune ottimizzazioni piuttosto che altre, Facebook ed Instagram suggeriranno sempre in automatico più di un'opzione **consigliata**, in base alla quale ricevere gli addebiti, ma va da sé che ognuno ha la possibilità di modificare il tutto a propria discrezione, a seconda del tipo di campagna che si sta pianificando e che si intende portare avanti.

A prescindere dagli obiettivi scelti e dalle opzioni di ottimizzazione indicate, questi sono gli **elementi** presenti, su cui è possibile farsi **addebitare** il **costo** dell'**inserzione**:

- **Interazioni con il post** – ogni volta che l'utente **interagisce** con il post;
- **Visualizzazioni (CPM)** – ogni **mille visualizzazioni** dell'inserzione;
- **"Mi piace" sulla Pagina** – ogni volta che un utente **mette Mi piace** sulla Pagina;
- **Click sul link (CPC)** – ogni volta che un utente **clicca sul link** dell'inserzione;

- Installazioni dell'applicazione (mobile, Facebook, Instagram, o computer) – ogni volta che un utente installa l'applicazione;
- Visualizzazioni del video – ogni volta che un utente visualizza un video per almeno dieci secondi.

Ovviamente, tra le innumerevoli possibilità che Facebook ed Instagram concedono di gestione ed ottimizzazione della propria campagna, non poteva mancare l'opzione **temporale**, e cioè quando stabilire ed in quali **momenti specifici**, verrà **distribuito** il proprio gruppo di inserzioni. È possibile distribuire l'annuncio **periodicamente** – e quindi lanciandolo al proprio target in ogni momento della giornata – oppure **programmandolo** e distribuendolo **in giornate** ed orari precisi, facendo in modo che risulti online e visibile solo in determinati momenti. Il tutto viene gestito nella voce "**Programmazione delle inserzioni**".

Grazie alla voce "**Tipo di Pubblicazione**", poi, è possibile anche determinare con quale **rapidità** far visualizzare il proprio annuncio, se in maniera:

- *Standard* – opzione che permette di distribuire in **maniera** più o meno **uniforme** l'**annuncio**, o il gruppo di annunci, **durante** il **corso** dell'intera **giornata**; andrebbe selezionata in quei casi in cui raggiungere il pubblico in tempi brevi non rientra fra le priorità.

- *Accelerata* – al contrario, questa opzione sfrutta la velocità e l'imminenza, permettendo di raggiungere l'audience in tempi brevi e concisi. Proprio in virtù di ciò, questa opzione andrebbe favorita nelle **occasioni speciali**, quando si necessita di **macinare visualizzazioni** nel **minor tempo possibile**.

Passo 4 – Costruire la creatività in Target

La scelta dell'audience è strettamente collegata alla **tipologia di annunci**: grazie ad opzioni di targettizzazione mirate e precise, si può giocare con la **creatività**, realizzando **inserzioni diverse** a seconda della **cerchia** di **appartenenza** in cui si va ad operare, pur rimanendo **fedeli al marchio** e al **brand proposti**.

La varietà delle inserzioni e la loro relativa creatività **muteranno d'aspetto** in base del **formato** che si vuole proporre: una campagna che intende **promuovere** i **like** per post o accrescere il numero di fan avrà un **aspetto differente** da un'altra che invece intende **sponsorizzare** il **sito del Brand** o la Pagina stessa.

Generalmente però, i **tre aspetti** che riguardano sempre la creazione di una specifica creatività sono:

- un contenuto **creativo impattante**;

- un contenuto **testuale**;
- un'**anteprima**.

Nel caso specifico in cui si vorrà fare un'inserzione con l'obiettivo di **garantire visibilità** ai **post**, la creatività dell'annuncio sarà affidata al post stesso. In quasi tutti gli altri casi, invece, la pima cosa che Facebook ed Instagram chiedono di indicare per la costruzione della creatività, è la **parte grafica**. Dunque, si potrà scegliere se inserire come contenuto una **singola foto**, o un **carosello** di **più foto**, un **canvas**, uno **slideshow** o un **video**.

Il **carosello di foto** – una tipologia di formato che consente di includere da **tre** a **cinque immagini** e/o **video** in un **unico annuncio** – è un formato molto **utile** per diversi motivi, permette infatti:

- di **presentare più prodotti** collegati a diverse pagine landing page;
- di **mettere in evidenza** più caratteristiche affini ad un singolo prodotto;
- di **raccontare** una **storia** legata al **Brand** o di spiegare un **processo** di **creazione**;
- di **promuovere** diversi **vantaggi**.

Ma esistono anche errori da evitare con i caroselli:

- **pubblicare post casualmente e senza cognizione di causa**, senza sperimentare i giorni e gli orari migliori per la loro promozione e calcolando quante persone si riesce a raggiungere in una determinata **fascia oraria** rispetto ad un'altra, o quanto potente può divenire l'interazione con i propri fan.
- **pubblicare saltuariamente**, ad esempio sfornare venti post in una settimana e solamente uno quella dopo; questo modo di fare **non aiuta** né i **fan** a intessere una relazione con il proprio Brand, né l'**algoritmo** di **Facebook** a semplificarti la campagna.
- **usare una punteggiatura errata, scialba o infantile**, da evitare sono le **emoticon**, ed un uso spasmodico di punti **esclamativi** o **interrogativi**; è sempre bene ricordarsi che anche la punteggiatura deve comunicare professio-

nalità all'utenza, perché **professionalità** è sinonimo di **credibilità**.
- **scrivere tutto in maiuscolo**, forse non tutti sanno che in rete equivale ad **urlare** ed è da **maleducati** optare per questa scelta (inoltre anche abbastanza **infantile**).
- **commettere errori grammaticali o sintattici**, la **gaffe** dei social o virtuale – è sempre dietro l'angolo; ed anche qui commettere questo tipo di errori equivarrebbe a **minare** in maniera profonda la propria **professionalità** e, di conseguenza, la propria **credibilità nei confronti dell'utenza**. (si consiglia sempre di rileggere più volte i post prima di pubblicarli).
- **inserire contenuti visivi senza testo didascalico**; un'introduzione – anche breve – una domanda o un **invito all'azione** (call to action) in genere **massimizzano** la possibilità di **interazione** con contenuti che, altrimenti, potrebbero essere presi, e spacciati sulla timeline come originali.
- **pregare o scongiurare i propri fan**: ricordare sempre che un conto è chiedere o **sollecitare** (ad esempio "condividetelo con i vostri amici se volete!") un altro conto è **supplicare**, rischiando di fare una **brutta figura** che, ancora una volta, andrebbe a minare la propria credibilità e professionalità.

- **essere troppo "spammy"**, pubblicare contenuti di qualità non significa pubblicare un post al minuto: parliamoci chiaro, a nessun utente piace ritrovarsi la timeline **invasa** da **post** e contenuti che – pubblicati con **troppa frequenza** – andrebbero a ledere la sua **pazienza** nei confronti del brand che sponsorizza troppo, **puntare** alla **qualità** piuttosto che alla quantità si rivela sempre un'opzione **strategica**, da evitare anche lo **spam** (l'inserzione indesiderata, sotto profili aziendali o pagine d'altri)
- **non fare test per tenere sotto controllo la campagna ed il suo rendimento**, questa è una delle carte nella manica più preziose per ogni inserzionista, e non mettere a frutto le potenzialità che un **A/B test** ha o le potenzialità di un qualsiasi controllo generale (incentivato a capire se tutto sta procedendo nel verso giusto e se non si stanno buttando soldi) è davvero da stolti.
- **rubare contenuti o idee altrui e spacciarle per proprie**, il **copyright** è molto importante sui social tant'è che piattaforme come Facebook ed Instagram (ma anche altri social) lo **tutelano** e difendono in maniera categorica; anche solo ipotizzare di poter utilizzare un testo, una foto, un video altrui o qualunque al-

tro tipo di contenuto rappresenta un grave **errore di sfiducia** in primis verso il proprio brand, e poi verso la propria utenza: oggigiorno con una semplicissima ricerca su Google è possibile identificare nell'immediato il furto e il ladro, che oltre a perdere di credibilità verrebbe messo alla gogna. Puntare invece su **contenuti originali, innovativi** e **nuovi**.

Passo 5 – Conferma dell'inserzione

Prima di ordine un'inserzione si dovrebbe avere la premura di **controllare** l'**ordine** per rivedere e **confermare** tutte le **scelte fatte**, verificando l'assenza di errori. Una volta ordinata, Facebook ed Instagram prima di pubblicarla online la sottoporranno ad un **processo di valutazione** che potrebbe durare fino a **24 ore**.

Una volta terminato questo processo sarà possibile vedere la propria inserzione all'interno del campo **Pubblicazione** → **Gestione inserzione**, contrassegnata da un **pallino verde** che accerta che l'inserzione sia stata effettivamente **pubblicata**.

→ **N.B.** Fare attenzione per gestire l'**effetto "saturazione"**: quando si pianifica la propria inserzione viene indicato un **pubblico potenziale**, più o meno ampio raggiungibile con l'annuncio. Nel caso in cui si tratti di un pubblico **costruito** sulla **propria fanba-**

se, una lista di indirizzi mail, o dei visitatori del proprio sito, si potrebbe essere arrivati al punto in cui si ha già quasi **raggiunto tutta** la **propria utenza**, dunque la frequenza con la quale le persone vedranno i messaggi salirà, ma si abbasserà il **CTR** (rapporto tra numeri dei **click totalizzati** da un'inserzione e **numero** delle **visualizzazioni** della stessa inserzione), le **azioni crolleranno** ma **saliranno** i **costi** e si potrebbe sperimentare il cosiddetto **effetto saturazione**, un raro caso in cui la **campagna** potrebbe **perdere** quasi completamente la propria **efficacia** e la propria forza comunicativa.

Per questi casi, ci sono dei consigli che è possibile seguire, proprio per questo leggi attentamente il prossimo paragrafo.

Passo 6 – Monitoraggio della campagna

Fare Advertising su Facebook o su Instagram dà la possibilità di adoperarsi in qualunque momento per **ritoccare** o **stoppare** la **campagna** in corso, grazie all'enorme **flessibilità** dimostrata dalle due piattaforme.
Dal **pannello di amministrazione** delle campagne sarà possibile, infatti, vedere in tempo reale l'**andamento** della **campagna**, i risultati più importanti raggiunti e da raggiungere, ed in base a questi modificarla per **ottimizzarla**.

Ottimizzare la propria campagna è un passaggio **caldamente consigliato**, insieme alla **supervisione** della stessa, per valutare se effettivamente gli **annunci** lanciati **stiano** effettivamente **funzionando oppure no**. Un piccolo consiglio per ottimizzare la campagna è quello di effettuare un controllo del **rendimento** della stessa, ed in base ai **risultati ottenuti**, decidere quale strategia prendere. (Attenzione, per ottenere un testing valido, **non modificare più di un elemento alla volta** nella propria campagna! In caso contrario sarà **impossibile capire cosa funzioni** e **cosa no**.)
Un **riscontro positivo** della campagna potrebbe, e dovrebbe, incentivare l'inserzionista a decidere di **aumentare** il **budget** giornaliero per ogni inserzio-

ne, nel caso in cui si fosse partiti con un budget basso e rincarato.

Una **valutazione negativa**, invece, comporta una situazione di stallo in cui si presenta una duplice via di soluzione: interrompere la campagna e **fare un passo indietro**, ritornando all'origine, e dunque alla progettazione e alla scelta degli obiettivi, oppure continuare a trasmetterla, mantenendo lo stesso budget o **diminuendolo**. (N.B. Il **budget giornaliero minimo** proposto da Facebook è di **1 Euro** al giorno).

Perché la mia Ad non va?

Possono essere parecchi i **motivi** per cui un'**inserzione non raggiunge** le **prestazioni auspicate**, ed è uno scenario fin troppo comune, specie nelle campagne ad obiettivo "**conversione**".

1. **Obiettivo della campagna errato.** È bene tenere presente che per ogni tipologia di campagna ci sono **specifici obiettivi** da raggiungere e strategie da prendere in considerazione all'atto dell'avvio.
2. **I contenuti della campagna non sono allineati con gli obiettivi.** Inserzioni **confuse** o poco chiare **confondono l'utente**, che opterà semplicemente per **passare oltre**. Per far funzionare bene un'inserzione, il suo testo, l'immagine e l'obiettivo devono essere **indirizzati** in **maniera corretta** e puntare allo stesso esito.
3. **Audience ed investimenti ridotti.** Optare per un **pubblico** fin troppo **ristretto** può rendere davvero arduo veicolare le Ads a lui predestinate e la stessa cosa vale per un **budget troppo irrisorio**. In questo caso il consiglio potrebbe essere quello di far durare la campagna **meno tempo,** assicurandosi però di

avere una **buona copertura giornaliera** in modo tale che l'**algoritmo** possa **lavorare** al **meglio** per ottimizzare la campagna.
4. **Non ci si sta rivolgendo al pubblico giusto.** Magari si è travisato uno o più bisogni del pubblico, e non si è più sicuri di essere in grado di **soddisfarli** nella maniera che ci si era prefissati. Forse è stato effettuato un **targeting** troppo **generico** o si è dedicato troppo poco tempo a questa **operazione**, di **fondamentale importanza**. Come già detto, occorrerebbe fare una **cospicua analisi** ricerca riguardo le caratteristiche della propria target audience, **differenziandola** e **testandola** il più possibile; assicurandosi di conoscere bene le **caratteristiche** delle **persone** che si **vuol raggiungere**, tenendo bene a mente che **meno** l'**inserzione** è **pertinente, più la si paga cara** e meno risultati si ottengono.
5. **Non si è scelto il momento più pertinente.** Il successo di questo tipo di operazione su Facebook dipende dall'**allineamento** del **target** perfetto con il messaggio adeguato all'audience scelta che dev'essere veicolato nel modo e nel **momento migliore**. Bisogna anche saper riconoscere i **tempi** della propria utenza, che difficilmente sarà propensa ad acquistare ciò che le si sta rifilando se ancora

non si **fida** dell'**azienda** o del suo **marchio**. Ogni **viaggio di acquisto** è differente e di diversifica anche in base al marchio o al brand, dunque, **comprendere** quello del **proprio consumatore** è fondamentale per ottenere il successo online attraverso le Facebook Ads.

6. **La forma ed il messaggio sono poco visibili o poco rilevanti.** Esiste anche il caso in cui si è scelta l'audience perfetta, il messaggio è quello più adeguato, il momento è stato scelto con cura ed è quello migliore, ma la **creatività non** è **affine** a tutti questi elementi, e magari s'è fatta una scelta sbagliata proprio in questo punto. Purtroppo, è sempre più difficile far **risaltare** il proprio **annuncio** nella **sezione** di **notizie**, per questo bisogna scegliere di farlo nel modo più **creativo possibile**, e abbiamo già visto che sono proprio le immagini e/o i video a fare la differenza.

7. **Si cerca di vendere a freddo.** Quindi senza essersi prima fatti conoscere attraverso la campagna e le call to action con cui è possibile **spronare** l'**utente** a dar **fiducia** al proprio **brand**; solo in rari casi si può vendere "**a freddo**", ed ottenere un **riscontro positivo**, ma il più delle volte non è certo la fortuna del principiante a fare la differenza, per questo è sempre meglio evitare se non si conosce alla

perfezione il mercato ed i suoi meccanismi o la propria audience di riferimento.
8. **Non si sfruttano a dovere le cerchie personalizzate.** È risaputo che, i pubblici personalizzati (o cerchie personalizzate, ovvero il **pubblico** che già è **tuo** perché ha precedentemente interagito con te, magari visitando il tuo sito web) **performano fino a 7 volte meglio rispetto alle core audience** (pubblici creati sulla base di **interessi, comportamenti**) e costituiscono una delle migliori possibilità che offre il **Facebook Advertising** rispetto a tutte le altre piattaforme.
9. **Non si monitorano correttamente le conversioni.** O non le si monitorano affatto. Bisogna prestare molta attenzione alla fase di **set-up** (avvio) di una campagna, soprattutto se si hanno obiettivi da raggiungere al di fuori di Facebook.
10. **Non si hanno ben chiari i risultati che si aspettano.** Per ottenere i risultati sperati dalla propria campagna è bene avere in mente quali risultati ci si aspetta da un'operazione di questo calibro, il che non significa fantasticare, anzi. Avere in mente la **meta da raggiungere** e gli strumenti con i quali farlo, aiuterà nell'intero processo, **semplificando** le **idee** e realizzando quali dinamiche andranno adotta-

te per raggiungere l'obiettivo o fino a che punto ci si può spingere in tal senso. Va da sé, ovviamente, che sono da **evitare** categoricamente **risultati irraggiungibili**, o privi di fondamento.

A/B Testing per Facebook & Instagram

A patto che non si abbia dedicato il tempo sufficiente per comprendere e stabilire gli obiettivi della campagna che si ha in mente di lanciare, si potrebbe ottenere una campagna **poco efficace**, con un raggio d'azione ridotto o targettizzata male (in grado quindi, di raggiungere sì le persone, ma quelle **sbagliate**, con una **segmentazione** del **mercato approssimativa** o troppo generica): che sarebbe un po' come giocare a **freccette con gli occhi chiusi**.

Anche il giusto messaggio può fare la differenza, ed in caso di un messaggio sbagliato tutta la campagna ne risentirebbe. In questo caso, il rischio di **gettare soldi** al **vento** è sempre dietro l'angolo.

La soluzione a tutto ciò, però, c'è, esiste e si chiama **A/B test**. L'A/B test non è altro che un **esperimento** messo in moto dall'inserzionista **per comprendere** quale tipo – fra due tipologie – di post, pagina web, inserzione, foto, modulo, pulsante, abbia il riscontro maggiore di pubblico.

È uno **strumento semplice** ed **intuitivo** che propone due versioni differenti (**chiamate versione A e B**, dove A sta per l'**originale** e B per la **variante**) di una medesima cosa, per **valutare** l'**effetto** che questa ha **sul pubblico**.

Prima di innescare un A/B test bisogna definire alcuni **punti salienti**:

- **che cosa misurare?** Sia che si tratti di un **annuncio**, o di un **modulo**, sia che si tratti dell'iscrizione alla **newsletter** o dell'**acquisto** di un prodotto, tutto andrà misurato in percentuale, tenendo presente il **tasso di conversione**.
- **e il soggetto dell'esperimento?** In questo senso sarà ovviamente il **pubblico target**, e sarà possibile scegliere se una **parte di esso** oppure **tutto**.
- **In che modo somministrare l'esperimento?** L'esperimento andrà proposto al pubblico target, che si ritroverà ad effettuare una **scel-**

ta, optando quindi per l'originale A o per la variante B.
- **quale sarà l'elemento variante del nostro esperimento?** Qui è possibile "giocare" in creatività su più fronti, decidendo di **testare qualunque elemento** si voglia, dall'immagine, al suo posizionamento, al titolo o al font dello stesso, passando per la formattazione, e via dicendo.
- **quanto deve durare il test?** In alcuni casi è possibile definirla con largo anticipo, ma il più delle volte un test finisce quando si **ottengono risultati considerevoli**, il più possibile in linea con ciò che si sperava di ottenere.

Una volta definite tutte le procedure per dare il via al proprio A/B test, si passa alla parte pratica del lavoro e cioè quella in cui si **creano** tutte le **varianti concordate**, preparando tutti gli elementi delle due varianti che andranno in test. Sia che siano pagine web o inserzioni, le due varianti andranno necessariamente **gestite** allo stesso **identico modo**, e cioè in maniera precisa, puntuale e chiara, in maniera tale da poter raccogliere tutti i dati derivanti dall'esperimento.

Molti tool gestionali potrebbero essere davvero d'aiuto in questa fase: Google Optimizer, Google

Adwords, VWO Virtual Website Optimizator (il quale si occupa in maniera automatica di creare le varianti senza la pubblicazione della duplice versione di una stessa cosa), Facebook ADS (grazie ai suoi split test) o Unbounce, prettamente per le landing page (o pagine d'atterraggio).

Per imparare ad usare bene gli A/B test però, bisognerebbe tenere a mente anche gli **errori più frequenti** che andrebbero senza alcun dubbio **evitati**, eccone alcuni:

1. **Non definire adeguatamente l'obiettivo che si vuol misurare.** Non basta cambiare titolo o immagine di copertina e sperare che le cose cambino magicamente. Piuttosto sarebbe utile chiedersi che cosa bisognerebbe **valutare** con quest'operazione. La durata della visita sulla pagina? Lo scroll di pagina? La compila-

zione di un modulo? Qualsiasi altra **conversione**?

2. **Alternare l'originale alla variante, senza utilizzare i tool di esperimento.** No secco. In questa maniera si corre solamente il rischio di influenzare il test con **oscillazioni di traffico** stagionali, con altre attività di marketing o contenuti che potrebbero influire negativamente sui meccanismi di utilizzo del web da parte di altre persone: andrebbe definito, piuttosto, il pubblico target (se tutti i visitatori o tutti i nuovi visitatori, o una parte di uno dei due) e **come somministrare l'esperimento**.

3. **Testare più di un elemento alla volta.** Anche questo è controproducente perché differenziando eccessivamente l'originale A dalla variante B, si va solamente a **complicare** il **test**, rischiando di renderlo **inefficace**, e questo perché non si avrebbe più la certezza di quale dei tanti elementi introdotti o modificati ha stupito di più il pubblico. Sapere nel dettaglio esattamente cosa ha creato la maggior conversione, è essenziale. Dunque, occorrerebbe testare utilizzando un'originale ed una variante **non troppo diverse** fra loro, con **massimo un elemento diverso**. Testare un elemento per volta.

4. **Non rispettare la durata dell'esperimento o sperimentare con una durata insufficiente.** La durata dell'esperimento è importante così come lo è ricordarsi di somministrare in maniera precisa, puntuale e chiara sia l'originale che la variante. Per ottenere un buon A/B test bisognerebbe attendere un intercorrere di **tempo sufficiente** per poter stabilire effettivamente gli **esiti** dell'**esperimento**, accelerare il processo non è la soluzione.

Importanza di commenti, likes e visualizzazioni

Nel corso delle precedenti pagine, è già stata più volte sottolineata l'**importanza** dei **likes**, dei commenti, delle foto, dei video, degli hashtag e delle storie sui social. Si è visto quali tipologie di contenuti è possibile realizzare e scegliere (carosello, link, slideshow, canvas, ecc.) e come metterli a frutto nel concreto, tenendo però sempre bene a mente che **il post perfetto non esiste**.
Durante una campagna pubblicitaria, o di sponsorizzazione, è necessario sfruttare tutti questi strumenti – trovando il modo di combinarli adeguatamente tra di loro – per raggiungere l'obiettivo che ci si era prefissati in fase di progettazione.
Ognuno di questi elementi, che le piattaforme social mettono a disposizione di chiunque, è da **usare con discrezione**, poiché racchiude una fonte inesauribile di potenzialità.
Pensiamoci un attimo: attraverso i likes è possibile non solamente valutare e misurare il **rendimento effettivo** di un'inserzione – e più in generale dell'intera campagna, tenendo presente l'**impatto** che il **singolo post** ha avuto **sul pubblico** – ma è

anche possibile **intessere** un **rapporto** con il **singolo fan**, e di conseguenza con l'intera **fanbase**. I likes, i commenti e le stories andrebbero intesi in quanto meccanismi che potenzialmente potrebbero **risvegliare** l'**utente** dal suo torpore causato da passivo **home scrolling** (l'azione dell'utente di scorrere i contenuti all'interno di Facebook ed Instagram); sono mezzi attraverso i quali è possibile **inviare** un **impulso** nella speranza di **ricevere** una **risposta**, favorendo l'interazione fra le due parti e, in questo modo, **inspessendo** il **rapporto** ed il **dialogo**. Anche le foto, i video e gli hashtag sono strumenti grazie ai quali è possibile **lanciare** un **messaggio** che invogli ad un riscontro – positivo o negativo che sia.

Grazie agli **hashtag** inoltre è possibile **targettizzate** in maniera precisa ed affilata la **porzione di pubblico** che si vuole raggiungere, servendosi appunto di quella stringa di parole che caratterizzerà il post (foto, video, ecc.) rendendo semplificata la sua ricerca e ricezione all'utente.

Va da sé che la **content curation** (cura di contenuti efficaci) è alla base di una buona strategia di web marketing, perché come dice Bill Gates: "**content is king**" (il contenuto è re).

Inutile quindi, tentare di avviare una campagna se prima non si è **riflettuto** a fondo su **quali contenuti pubblicare**, come crearli e come diffonderli attraverso la campagna stessa.

Sia su Facebook che su Instagram è possibile veicolare contenuti attraverso molti modi, il più delle volte **combinandoli** fra di loro come se fossero tanti tasselli di un unico grande puzzle che è l'inserzione pubblicitaria; ma in linea di massima è possibile catalogare tutti i contenuti entro due macro-gruppi: i **contenuti testuali** ed i **contenuti visuali** (o **visual content**).

Rispetto ai contenuti visivi, i contenuti **testuali** sono diventati sempre più **difficili** da **fruire** liberamente, e questo perché, dopo alcune precise ricerche, si è appurato che **raramente un testo online viene letto per intero**, colpa forse anche del vertiginoso **calo** dell'**attenzione** che ha interessato gli ultimi anni.

Più del 50% del tempo di visualizzazione di una pagina rimane dedicato ai contenuti **visuali**, che sono maggiormente e più **facilmente fruibili** rispetto a quelli testuali, senza alcun bisogno di "scrollare" la homepage. Inoltre, è risaputo che i **contenuti maggiormente letti** sono quelli **stanziati** nella **parte alta** della **pagina**, che sembra essere il luogo prediletto per ricercare l'attenzione da parte dell'utenza.

Altre ricerche dicono anche che **si legge partendo dall'alto a sinistra**, scendendo poi in un percorso simile per forma alla **lettera F**: questo stile di lettura viene messo in pratica quando il testo è fin troppo uniforme e non ha segnali evidenti che guidino ad una lettura più attenta e selettiva. Il cosiddetto **"salto"** effettuato dall'occhio nella lettura di un testo viene fatto per andare alla **ricerca** delle **"parole campanello"** (o **trigger words**, in inglese), cioè quelle parole chiave che – una volta individuate all'interno di un testo – **invogliano** a **proseguire** la **lettura** dello stesso. Sapere, dunque, quali sono le "parole campanello" dei navigatori della propria pagina o del proprio profilo aziendale, **facilitano** il **lavoro** di **costruzione** di un **testo piacevole da leggere**, efficace, utile e comprensibile, aumentando la possibilità che l'**utente** si **soffermi** più a lungo a **leggere** lo scritto che gli è stato propinato. Detto ciò è bene ricordare che:

- se si legge dallo **smartphone** lo **spazio** di **lettura** è **limitato** così come la dimensione del carattere che è più piccola e stretta; inoltre è ormai risaputo la lettura avviene in movimento.
- anche se si è diventati sempre più inclini a leggere dagli schermi, questa **attività** rimane comunque più **faticosa** rispetto al leggere su carta: **stanca infatti di più la vista**;
- ogni altro contenuto è a distanza di un **click**: in pochi secondi è possibile decidere se continuare a leggere o **smettere seduta stante**, rivolgendo la propria **attenzione altrove**.
- il **tempo è prezioso**: dunque l'utente si aspetta subito di trovare le informazioni che cerca, per poi approfondire se interessato.

Accorgimenti per Facebook

Per quanto riguarda Facebook, a seconda della tipologia di post che si vuole creare per la propria pagina, ci sono inoltre degli **accorgimenti** da tenere sott'occhio per poter **sfruttare** al meglio le **potenzialità** che questi formati offrono:

1. **Aggiornamenti di stato** — sono post essenzialmente composti da un **testo** che può raggiungere oltre i **63.000 caratteri**. Per molto tempo sono stati la tipologia di contenuto che **andava per la maggiore** perché affluiva maggiormente il traffico, favorendo le interazioni da parte degli utenti. Con i vari **aggiornamenti** introdotti da Facebook è divenuto possibile **formattare** il **testo**, introducendo elenchi puntati, citazioni e stili di scrittura sempre più simili a Word, oltre alle onnipresenti **emoticon**. Alcuni consigli sono di **non esagerare** con quest'ultime, con i punti esclamativi e di cercare di mantenere un **buon linguaggio**, **professionale**, privo di errori grammaticali od ortografici.
2. **Immagini** — costituiscono da un po' di tempo il formato che genera maggior **coinvolgimento**, che ha finito per surclassare gli aggiornamenti di stato. Bisogna assicurarsi di caricare immagini di **qualità** (possibilmente nel formato .png) e che abbiano una dimensione minima di **504 x 504 pixel**, altrimenti si rovinerà l'immagine con delle barre grigie ai lati.

3. **Link** — se utilizzati nella maniera corretta, rappresentano il formato migliore per **veicolare il traffico web** all'**interno** e all'**esterno** di **Facebook**. Sono il punto d'incontro che collega i fan al sito web, pertanto è bene strutturarli in un determinato modo: innanzitutto l'**immagine di anteprima** deve essere di **buona qualità**, impattante e coerente, ma anche ottimizzata per la piattaforma (**600 x 315 px**); il **titolo** del **link** deve riuscire a **captare l'attenzione**, spiegando in poche parole di cosa tratta il contenuto del collegamento (si **hanno 25 caratteri** per fare ciò); la **descrizione** deve dare una **rapida anteprima** di ciò che si vedrà al di là del collegamento ipertestuale.
4. **Video** — i video rappresentano un **formato nuovo** ed in **crescita** (esattamente come per le foto), efficace se si vuole rendere ancora più **interessante** il proprio **rapporto con l'audience** e con i potenziali nuovi fan. Per ottimizzare la loro qualità, Facebook consiglia di: utilizzare **video H.264** con **audio AAC** in formato **MOV** o **MP4**; assicurarsi che la larghezza del video non superi i **1280 pixel**; usare **multipli di 16 pixel** per il rapporto o la lunghezza e la larghezza del video; mantenere la **frequenza** dei **fotogrammi** ad un valore pari o inferiore a **30 fps**; usare una **frequenza** di

campionamento di **44.100 Hz** per l'audio stereo.

5. **Video Live** — chiamati anche "**dirette**" (o streaming), un buon mezzo per **coinvolgere** la propria utenza in **tempo reale**. Avviando una diretta si potrà vedere il **numero** di **persone** che la **stanno guardando**, e le stesse potranno mettere mi piace, commentare o **condividere**. Una volta terminata la diretta, Facebook la **salverà** come qualunque altro **video** e sarà reperibile nella libreria video della Pagina.

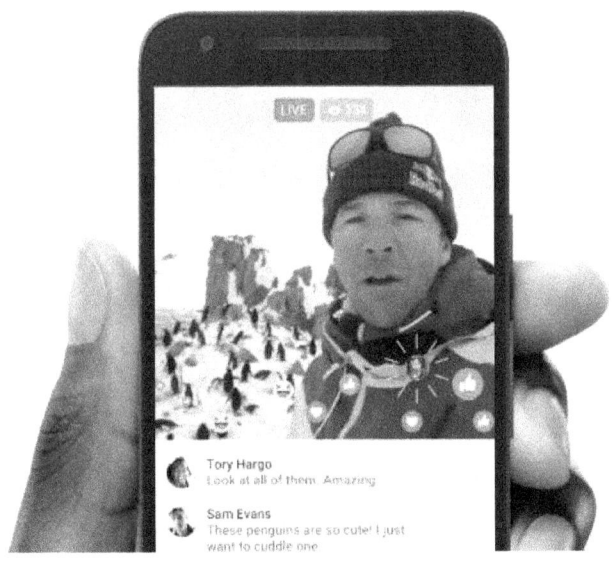

6. **Traguardo** — è un momento importante nella crescita personale di un'azienda ed in quanto tale va festeggiato. Si può fissare un traguardo per qualunque cosa, in generale eventi

importanti raggiunti dall'azienda che verranno ricordati con una bandierina.

7. **Evento** — questo non è tanto un formato ma è uno **strumento** che permette di **organizzare** un vero e proprio **evento** nei minimi dettagli. All'interno della Pagina dell'evento è possibile **reperire** tutte le **informazioni** necessarie sullo stesso e Facebook mette a disposizione anche degli **Insight dedicati**.

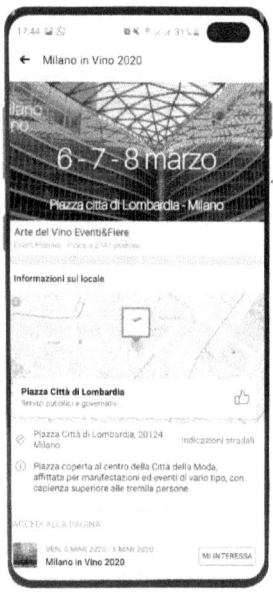

8. **Offerta** — è possibile creare anche delle vere e proprie **offerte** da usufruire tramite la propria Pagina, correlate di **informazioni dettagliate** e precise.

9. **Ibridi** — ovviamente è possibile combinare due o più di questi elementi creando degli **ibirid**, anche se Facebook suggerisce di **utilizzare** il **formato adeguato** alla **tipologia** di **contenuto**: link per link e così via.

Se si decide di **optare** per un **contenuto testuale**, è bene sapere che:

- **Il testo dev'essere una cosa sola con il design e lo stile della pagina**: andrebbe quindi immaginato e messo nero su bianco tenendo conto dello **spazio** che andrà ad **occupare**; bisognerebbe prestare particolare attenzione alla **lunghezza**, all'**equilibrio** tra i **paragrafi**, allo **stile** e alla **grandezza** del **font**.
- **Vale regola della piramide rovesciata**: le informazioni più importanti (le **5W in giornalismo**: chi, come, quando, dove e perché) vanno sempre date all'inizio; poi si **riprendono** e si **approfondiscono** se necessario nei paragrafi successivi.
- **Spazio e tempo hanno un ruolo fondamentale**: da favorire i **testi brevi** e **concisi** quando si decide di scrivere per il web; un buon esercizio è quello di prendere il **testo** e di **liberarlo** da tutto il **superfluo**.
- **È necessario saper sfruttare il potere dei link**: un **collegamento ipertestuale** appro-

fondisce e completa le informazioni relative ad una pagina; i link appositamente segnalati **attraggono l'utenza**, specialmente la più curiosa ma devono riportare **traccia** del **punto di arrivo**.

- **Bisogna curare il titolo, il sottotitolo, le didascalie e le call to action**: sono l'input necessario ad una buona lettura, **definiscono** il **contesto**, danno al lettore un **anticipo** dell'**argomento** che si andrà a trattare, consentendogli di capire se **vale la pena continuare** a leggere **oppure no**.
- **Bisogna fare uso di paragrafi e liste**: un testo suddiviso per paragrafi o capitoli, è più **ordinato** e **facilita** lettura e **comprensione**.
- **Bisogna tenere una buona forma ed evitare i refusi**: è già stato detto ma vale la pena ripeterlo: è in gioco la credibilità dell'azienda e la sua **immagine**.
- **Bisogna evitare frasi fatte o periodi stantii**: è utile domandarsi con quali termini si potrebbe descrivere il proprio prodotto, in modo tale da far emergere i **tratti unici** che lo qualificano e che lo **differenziano** dalla **concorrenza**.
- **È utile usare parole chiave**: bisogna evitare qualunque tipo di **gergo**, favorendo invece la **comprensione** con **testi puliti** e l'uso di **paro**-

le chiave, necessarie sia per l'utenza che per i motori di ricerca che le indicizzeranno.
- È utile testare diverse versioni dello stesso testo: anche modificare un solo elemento può davvero fare la differenza, e sperimentare è utile per capire – statistiche alla mano – quale testo ha riscosso più successo.

Accorgimenti per Instagram

Dopo aver spiegato che tipi di formati è possibile adottare per i propri contenuti su Facebook ed aver snocciolato dieci buoni consigli per scrivere testi di qualità, approfondiamo come creare **contenuti** di **qualità** su **Instagram**. Come si sa, Instagram è la piattaforma che **favorisce i contenuti visuali** (o visual content) più di qualunque altra, e grazie ad una **galleria** di **foto** ben strutturata ed organizzata è possibile **veicolare** un **messaggio forte** e d'impatto, perché dopotutto se i social ci hanno insegnato una cosa è proprio che, a volte, le **immagini parlano chiaro**, più di mille parole.

- **Composizione** - Con questa terminologia ci si riferisce al **posizionamento** degli **elementi** all'interno dei **contenuti visuali**, e in generale, alla **struttura tecnica della foto o del video**. Essere instagrammer non significa essere **esperti** di **fotografia**, proprio in virtù di ciò può essere utile definire alcune regole riguardanti le tecniche da adottare per rispettare lo sfondo, il **focus** del contenuto, e lo **spazio** necessario **da lasciare** in alto ed in basso.

- Colori - Utilizzare sempre la stessa **palette di colori** è una buona tecnica per generare un **feed** costante e **focalizzato**. Però attenzione: definire una serie di tonalità da utilizzare non significa **privarsi** della **possibilità** di **utilizzare** altri **colori**, ma favorirà nel dare un tocco unico ai propri contenuti. Un buon compromesso sarebbe quello di **optare per una gamma di colori in linea con quella solitamente utilizzata dal brand** negli altri canali di marketing,

- **Font** - Inserire una **descrizione** – composta da testi o citazioni varie – **sotto** alle **foto** o ai **video** è sempre un'**ottima mossa**, ma bisogna fare attenzione ad essere coerenti attraverso i font utilizzate, **che si consiglia di allineare con il resto della comunicazione aziendale**.
- **Filtri** - Grazie ai filtri è possibile innalzare il **livello** dei **propri scatti**, persino se sono stati realizzati da persone non del settore. Questi strumenti sono in grado di **cambiare** drasticamente il **look** delle proprie foto o dei propri video, per questo è importante utilizzarne solo alcuni, scegliendo quelli più **in linea** con il **messaggio** che si vuol **lanciare**, per non creare confusione nell'utenza. **Utilizzare un filtro diverso per ogni foto crea disordine e disorientamento** nei propri followers, che **stenteranno** a **riconoscere** con facilità i **post inerenti all'azienda**.
- **Hashtag** - Sono senza alcun dubbio diventati in poco tempo lo **strumento** utilizzato sui social network per **categorizzare** e **targetizzare** i **contenuti postati**. In questo modo gli hashtag consentono agli utenti di scovare sempre contenuti nuovi, originali e account interessanti da seguire. Per evitare di inserire troppi

hashtag nella caption, un buon metodo è quello di inserirli nei **commenti**. Un'attenta analisi degli **hashtag più utilizzati dalla propria utenza**, permette di scegliere quelli più **adeguati** per i propri **post**, e di conseguenza raggiungere un'**audience più vasta**. Gli hashtag sono estremamente importanti, essi, infatti, **permettono di navigare rapidamente attraverso gli argomenti di interesse**, che vengono raggruppati in macro-gruppi, grazie ad alcuni collegamenti ipertestuali.

- **Caption** - Instagram concede all'utente **uno spazio più che consono per le didascalie delle immagini**, ponendo però un **limite** di **caratteri** da non superare prima di veder troncato il proprio testo. L'utilizzo di questo preciso spazio è a propria discrezione, e gli

FACEOOK & INSTAGRAM ADS

usi che ne vengono generalmente fatti sono molto diversi tra loro, e spesso vanno direttamente a rispecchiare lo **stile** dell'**utente**.

- **Stories** - Un altro strumento messo a disposizione da Instagram sono le Stories, contenuti **disponibili per 24h**, come se fossero contenuti **"in evidenza"**, che possono contenere un mini-video, una o più foto, musica, menzioni, gif, ma anche un **minisondaggio** o un **question box**, uno spazio dove gli utenti hanno la possibilità di porre domande e di leggere poi le relative risposte.

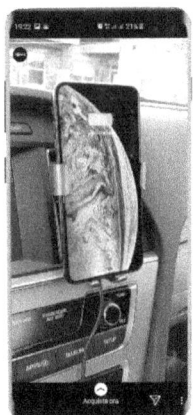  

Attento a rispettare la Policy di Facebook!

Abbiamo visto quali possibilità di formati per i vari contenuti offrono Facebook ed Instagram, ma ancora un arcano resta da svelare: **come scegliere il miglior formato pubblicitario per fare marketing sui social?**
Innanzitutto, è bene precisare che si può avere il miglior contenuto del mondo, ma se poi non lo si **valorizza bene**, cercandolo di venderlo attraverso il **formato adatto**, inutile dire che quel contenuto resterà nell'**ombra** e non lo **vedrà mai nessuno**.
Optare, dunque, per i giusti formati è fondamentale, anche perché questa scelta è direttamente collegata ai propri **obiettivi di business**, che permettono di creare contenuti personalizzati a seconda dell'obiettivo scelto, e di proporli a fasce di pubblico mirate, aumentando notevolmente il tasso di conversione.
Ricapitoliamo brevemente i formati a disposizione su Facebook:

- aggiornamenti di stato;
- immagini;
- link;
- video;

- **live** video;
- **canvas**: formato creativo che permette di creare una specie di **pagina di atterraggio dentro Facebook**, con tanto di caroselli, link, video, immagini e testi.

Questi sono solo alcuni dei formati che ovviamente è possibile scegliere, il resto è stato adeguatamente approfondito nelle pagine precedenti, dunque è giunta l'ora di **cambiare argomento** e di spiegare un'altra **tematica** molto **importante** su Facebook: la **Policy**.

Spesso alla Facebook Policy – quell'insieme di **regole** e **limitazioni** che dovrebbero **rispettare** sia gli **admin** delle **Pagine** che, l'intera **community** – è riservato un ruolo estremamente marginale, poiché viene da sempre considerata come una **seccatura**. Questo documento, invece, ha una **notevole importanza** in campo di web marketing, perché non solo è in grado di far **risparmiare tempo all'azienda**, a tutti i suoi collaboratori o a chiunque sia implicato nell'attività di web marketing su Facebook, ma **azzererà** persino le **possibilità** di **errore**, faciliterà l'entrata di altri membri nell'impresa – fornendo loro delle **specifiche linee guida da seguire** – e, infine, semplificherà a tutti la strategia da adottare per portare avanti l'attività.

Per quanto riguarda Facebook, la sua policy interna ci chiede di **specificare**:

- le **persone** che hanno effettivamente **accesso** alla **pagina** e quale livello di accesso hanno, specificando **mansioni** e **responsabilità**;
- la **gestione** di eventuali **accessi** di **collaboratori** o **terze persone**: per tutelare la propria sicurezza e la propria privacy va specificato che a monte del progetto di un'iniziativa che coinvolge **agenzie/collaboratori** esterni, è opportuno creare **ad hoc** un programma nel software gestionale **Business Manager**, in modo da **centralizzare accessi** e proprietà coinvolte, e che quando si decide di coinvolgere fornitori esterni non va mai dato accesso al livello di admin, account pubblicitario ma che va dato solo il **livello necessario** a svolgere gli **incarichi** per cui è stato **coinvolto**;
- la **voce** ed il relativo **registro utilizzati** per tutte le **conversazioni future** che si andrà a gestire, per uniformare il tutto nonostante saranno più persone ad interagire;
- **tempi** di **risposta precisi** e netti, che non possono superare le due ore.

Copywriting per le Ads

Dopo aver illustrato i migliori formati pubblicitari che è possibile scegliere, e come sceglierli, e ad aver illustrato le linee guida della Facebook Policy, introduciamo un altro **concetto**, direttamente collegato ai contenuti testuali di cui si è a lungo parlato: il **Copywriting**.
Cos'è il Copywriting? In poche parole, il Copywriting viene definito come l'**arte** di **saper scrivere** egregiamente diverse tipologie di contenuti, talvolta a carattere puramente **informativo**, talvolta a carattere **descrittivo**, ma sempre con un taglio particolare e **versatile**, in grado di **adattarsi** al **contesto** di cui si scrive.
L'obiettivo di questi contenuti e del Copywriting è ovviamente garantire la **conversione**. Una conversione che sul mondo del web va interpretata in quanto **conclusione** di un **processo**, che **porta** all'**acquisto** di **qualcosa**, magari a seguito di una coinvolgente lettura o di qualche bella recensione.
Il termine Copywriting **risale** al **XIX secolo** e nello specifico è attinente al mondo giornalistico; nelle redazioni delle più famose testate giornalistiche, la figura del **copywriter** si occupava di **redigere annunci di ogni tipo**, successivamente il boom della pubblicità veicolata dai **mass media** ha cambiato il

ruolo di questa figura professionale, facendolo divenire sempre più simile ad un **lavoro pubblicitario**. Va da sé, l'importanza del lavoro di un buon copywriter: saper **scrivere** dei **testi** in grado di **emozionare** ed **invogliare** l'**utente** all'**acquisto** di un **determinato prodotto** non è da tutti; e nella giungla che è il World Wide Web è opportuno saper distinguere **chi scrive da chi scrive bene**, a cui spetta un **compenso superiore**.

Il lavoro del copywriter ha come **fine ultimo** quello di **garantire** un **vantaggio** in **termini economici** e di **visibilità** (incremento delle **vendite**, **aumento** del **fatturato**, **crescita** della **fanbase** e **acquisizione** nuovi **clienti**, **guadagno** di **lead**, ecc.) all'azienda per cui sta lavorando, dunque è di fondamentale importanza **affidare** la **gestione** di una parte del proprio lavoro riguardante l'impresa di web marketing a vere figure professionali, in grado di dare alla propria azienda una mano per raggiungere gli obiettivi prefissati.

Per comprendere a tutto tondo questa figura professionale, cerchiamo stabilire insieme alcune linee guida:

- Identificazione del target - Come si è già visto, questo è forse uno dei quesiti più importanti quando si decide di avviare una campagna di marketing, perché solo dopo aver individuato il pubblico al quale rivolgersi si è veramente in grado di mettere in atto una strategia efficace, ma soprattutto mirata. Favorire dunque la creazione di nicchie specifiche, evitando i pubblici troppo ampi in cui il messaggio testuale redatto dal copywriter potrebbe perdersi come un ago in un pagliaio.

- Caratteristica fondamentale del prodotto Quando si parla di scrittura commerciale, è utile prestare attenzione alla scrittura "a tutto tondo"; esser in grado, dunque, di dosare con accortezza creatività, tecnica, persuasione, informazione nel tentativo di suscitare qualcosa. Le parole che si andranno ad utilizzare devono avere la capacità di celebrare immagini indelebili ed impattanti, in grado di rimanere impresse nella mentre del lettore.

- **Zero contraddizioni** - All'interno di un'inserzione che sfrutta l'**impatto visuale** o di un semplice annuncio a carattere promozionale non sono bene accette le **contraddizioni** o i **fraintendimenti**. Nell'ipotetico caso in cui si intenda presentare un contenuto egregiamente strutturato, la lettura risulterà più scorrevole e la comprensione più semplificata e fruibile. Il tutto deve essere necessariamente in **perfetta armonia** con ciò che il **target** sta cercando.

Appurato ciò, passiamo in rassegna alcune tecniche di **business writing**:

- **Coerenza** - In un testo **SEO** (Search Engine Optimization, ovvero **ottimizzazione** per i **motori di ricerca**) oriented, le **parole chiave** devono essere **presenti** nel **titolo**, ma anche nel **contenuto** dell'annuncio, dell'articolo o della **recensione**. Il loro utilizzo è fondamentale, ma va dosato per non incappare in una loro **sovra-ottimizzazione** (nota come **keyword stuffing**) che, comporterebbe una **penalizzazione** dai **motori di ricerca**. Necessario risulta, quindi, **bilanciare** le parole chiave con altre, quanto più **diverse possibili**, nella speranza di **rafforzare** il **messaggio** che si sta veicolando.

- **Concretezza** - Di qualunque tipo di testo si tratti, la **concretezza** nello stile di scrittura **è essenziale** per **attirare** il maggior numero di **lettori**, in riferimento ad uno specifico prodotto. D'altronde il ruolo del copywriter è proprio quello di **spiegare al cliente**, utilizzando uno stile di scrittura concreto, **perché dovrebbe acquistare un determinato prodotto** invece che un altro. Citare dati numerici, spiegare come affrontare un problema o ancora ricorrere a **metafore** – proprio perché le **immagini forti** hanno la capacità di **restare** a **lungo** nella **mente** del **lettore** – sono soluzioni che racchiudono la chiave di volta del successo in questo campo.

- **Tecnica del problema** - È una tecnica di copywriting molto diffusa e consiste nel **porre** agli internauti che visitano la pagina o il profilo una **domanda** a cui molti di loro **cercano** una **risposta**. Prima di svelare la risposta però, l'**intento** è proprio quello di **convogliare** quante più persone possibile all'**attenzione** del famigerato **quesito**. Attenzione però a non utilizzare **domande retoriche**, perché se chi legge **conosce già** la **risposta**, si renderà **vano** ogni **sforzo**.
- **Tecnica dell'alternativa** - Conosciuta anche come tecnica del **contrasto**. Questa tecnica presenta uno **schema** molto **diffuso**, specie quando si scrive per **orientarsi** il più possibile **alla vendita**. Sfruttandola a dovere è possibile **fornire**, ad un determinato quesito, una **risposta concreta** che fungerà da **soluzione primaria**, ed un'**alternativa**, anch'essa valida ma **contrapposta**. L'idea in poche parole sarebbe quella di presentare ad un target ben affilato il **prodotto A** come **scelta base**, e il **prodotto B** come **alternativa**, ma **opzione** ugualmente **valida**. Nel mettere in atto questo meccanismo bisogna aver cura di **sottolineare ogni singolo vantaggio** sia della scelta

primaria che di quella secondaria, ma solo dopo aver messo in luce le **caratteristiche** di **entrambi** gli **articoli**. Un'azione del genere permetterà al target di riferimento, di avere la certezza assoluta di riuscire a **soddisfare** le proprie **esigenze** nella maniera migliore.

- **Call to action** - Abbiamo già approfondito precedentemente questa strategia: la **chiamata all'azione**. Abbiamo visto come è possibile tentare di **invogliare** l'utenza a diversi tipi di azione, non sempre finalizzati all'acquisto, ma il più delle volte ad una fidelizzazione o ad un **coinvolgimento primario**, se ciò non era mai avvenuto.
- **Copywriting persuasivo** - Questo tipo di scrittura ricopre un **ruolo** di **cruciale importanza** e non è certamente per tutti visto che ci

sono precise regole da seguire e determinate **analisi da effettuare**. L'obiettivo è ovviamente quello di persuadere il target di riferimento. Il punto di partenza di questa scrittura ruota tutto intorno all'**analisi** dei **desideri di chi legge**, sono proprio i **bisogni** del **target** a **muovere** ogni singola **azione** del **copywriter** e della sua **scrittura**. Chi legge deve essere in grado di visualizzare, **toccare con mano** il **prodotto attraverso l'uso delle parole**. Questo stile di scrittura riguarda e si interessa alle e delle **emozioni**. Prediligere la **narrazione** alla descrizione è forse proprio questa la **giusta direzione da intraprendere**, se l'intento è quello di convincere l'utenza ad acquistare un determinato prodotto. I **punti focali** dell'intero testo **diventano** l'**inizio** e la **fine**, parti alle quali bisogna **prestare** la **maggior attenzione**. Inoltre, è fondamentale che il testo risulti **scorrevole**, solo in questo modo è possibile attrarre l'attenzione di chi legge. Lo stesso discorso va fatto per la **chiusura**, che deve necessariamente **lasciare qualcosa**, essere esplicativa e **spiegare cos'ha** di **diverso** il **proprio prodotto rispetto** alla **concorrenza** o perché bisogna per forza averlo.

Re-Marketing & Re-Targeting

Con il termine **Re-Marketing** (o **Re-Targeting**) s'intende quella forma di pubblicità online che si rivolge ad un'**audience specifica**, targettizzata basandosi sulle loro trascorse operazioni sul web, **insistendo su quelle situazioni in cui tali operazioni non sono state mutate in vendita o conversione**.

Questa forma di marketing comportamentale aiuta a **mantenere** il proprio **marchio visibile**, permettendo di **raggiungere** l'**utenza** che ha **visitato** il proprio **sito** web, attraverso il social network, in questo caso Facebook.
È stimato, infatti, che solamente il **2%** del traffico web viene **convertito** alla **prima visita**. Dunque, il Re-Marketing è quello strumento utile e progettato con la specifica finalità di **raggiungere l'altro 98%**

degli utenti che non hanno effettuato immediatamente l'azione desiderata (acquisto, contatto, iscrizione, ecc.).

Chi lavora nel campo dell'e-commerce conosce alcuni meccanismi, e sa che il più delle volte il visitatore tipo, dopo aver visualizzato i prodotti messi in vendita online, potrebbe gradirli e potrebbe decidersi di recarsi alla pagina del carrello per completare l'acquisto. Altri visitatori ancora, invece, esprimeranno feedback positivi. Questa strategia di marketing consente di raggiungere tutte le categorie di visitatori in maniera personalizzata. Il re-Marketing su Facebook offre il vantaggio di creare inserzioni che fungono da **reminder**; dunque il messaggio recapitato all'utente di turno diventa una sorta di **promemoria**: "ricordati di visitare nuovamente il sito internet della mia azienda!". Ma c'è di più.

Fare re-marketing su Facebook, dà la possibilità di godere di diversi benefici, come la **segmentazione** del **proprio target**: conoscere in maniera precisa i propri target group, permette di **ottimizzare** le proprie **campagne pubblicitarie**, ma anche di **auspicare** in **risultati** decisamente **migliori** e più pertinenti. Infatti, tutti gli utenti che hanno visitato una specifica pagina su Facebook o un determinato sito internet, vengono **raggruppati** andando a **formare** quello che diventerà il **proprio pubblico scelto**. Questo meccanismo permette all'inserzionista di illustrare e presentare un preciso contenuto pubblicitario, indirizzando pubblico scelto verso quelli che sono i propri reali obiettivi del business.

Il re-marketing funziona attraverso il Pixel di Facebook: un algoritmo pensato per controllare il tracking delle azioni eseguite sul proprio sito web.

Il primo passo per effettuare il re-marketing consiste nello scaricare l'account pubblicitario; dopodiché bisogna installare **Power Editor** ed accedere in qualità di **amministratore**.

Successivamente è la volta di **installare** sul **sito internet** del **Pixel** di Facebook **alcuni codici**, utili per la **motorizzazione**; fatto ciò si procede copiando il codice nella casella "**Crea Pixel**" di re-marketing web, per poi **incollarlo** tra l'**head iniziale** e quello finale in **tutte** le **pagine** del **proprio sito** internet.

Dopo aver aggiunto il codice, non resta che cliccare su "**Crea Pubblico Personalizzato**" e nominare l'apposita casella con un breve testo a scelta. Poi è **opportuno includere** tutti gli **utenti** che hanno **visualizzato** il proprio **sito** web **nella categoria di persone da aggiungere al pubblico personalizzato**. Infine, dopo aver terminato l'inserimento di tutte le informazioni, non resta che ultimare e **confermare** l'intera procedura con un click su "**Crea Pubblico**".

Soltanto dopo aver completato anche questo passaggio risulterà **ufficiale** l'avvenuta **creazione** dei **pubblici personalizzati che includono tutti gli** utenti che hanno visitato almeno una parte del **proprio sito web aziendale**, e tutti quelli che sono entrati in contatto con la pagina Facebook, completando infine la lista mail dei clienti.

In ultima istanza si verrà catapultati sulla pagina di ringraziamento, utile a concludere e a confermare le operazioni di **configurazione**, eseguite poc'anzi. Con un ulteriore click su "**Ok**", si avrà di fatto creato il proprio pubblico personalizzato, **monitorabile** nella **tab "Pubblico"**.

Il passaggio seguente è **dedicato** all'**indagine meticolosa** delle inserzioni pubblicitarie, **confrontate con i comportamenti degli utenti**. Dalla schermata "**Pubblico**" di Power Editor, bisogna **selezionare** il **pubblico personalizzato** a cui si intende **far visualizzare l'inserzione pubblicitaria** che si andrà a **creare** con un click su "**Crea Inserzioni**".

Una volta scelta la campagna pubblicitaria da avviare, ed i relativi obiettivi da raggiungere, bisognerà **creare** i **contenuti da veicolare** e poi specificare poi il **budget** che si intende **stanziare**, oltre a tutta una serie di dettagli aggiuntivi sul pubblico. In questo senso, la realizzazione di un "**tunnel di conversione**" mirerà a **guidare l'utenza**, passo dopo passo, **verso l'obiettivo** aziendale **prefissato**. Questa operazione, per ovvie motivazioni, non sempre va in porto, per questi motivi è utile ricordare l'**importanza** dei **test**, per **verificare** l'**ottenimento** dei **risultati**, il posizionamento e le liste di pubblico. I test offrono la possibilità di **verificare miglioramenti** direttamente in campo e di veder **evolvere** i **risultati** nel momento in cui occorrerebbe dare una **sterzata**, per evitare mosse azzardate o errate.

Utilizzando Facebook Ads in maniera ottimale e scientifica, i risultati conseguiti potranno essere considerati positivi.

Per concludere la spiegazione sul re-marketing di Facebook, occorre ricordare che questa strategia è applicata a **liste di utenti decisamente piccole**, e che urge **prestare** la massima **attenzione** alla **frequenza** con la quale si fanno **ruotare** le **inserzioni pubblicitarie**, poiché **riproporre sempre le stesse potrebbe rivelarsi una mossa controproducente**, che potrebbe generare un pericoloso **boomerang**.

Se utilizzata nella maniera giusta però, una **buona strategia** di re-marketing dovrebbe **indurre** gli **utenti a visitare nuovamente** il **sito** internet collegato alla propria azienda, veicolando in questo modo i giusti contenuti su Facebook.

Abbiamo visto, ancora una volta come l'individuazione e la **profilazione** del proprio **bacino d'utenza** è più che mai **importante** quando si decide di avviare un'operazione di marketing o di re-marketing per la propria attività, in quanto prima di **scegliere** la **maniera** con la quale rivolgersi **dobbiamo comprendere a chi farlo, adottando la metodologia più adatta in base alla targetizazzione.**

Ecco alcuni **punti salienti** per il targeting e la profilazione dell'utente:

1. **Utenza del target** - lavorare con un'**audience** ben definita e **targetizzata sfruttando** i **dati demografici** ottenuti dagli utenti e **ricordando** che **non tutte le persone** potenzialmente **interessate** potrebbero **disporre** di un **profilo social** e che spesso **non** sono **precise** nella **compilazione** delle **preferenze** e della situazione lavorativa.

2. **Dimensioni utenza** - individuate le caratteristiche dell'utente-target, occorre quantificare la **dimensione** del **bacino d'utenza**, servendosi delle piattaforme pubblicitarie

messe a disposizione dai social; oppure servendosi dell'importazione dei **dati**, relativi agli utenti, **contenuti** nel **database** della **propria azienda**. Questa quantificazione aiuta a comprendere l'investimento economico in termini di budget.

3. **Interrogazione del pubblico** - la situazione attuale mostra un pubblico sempre più attivo specie con le aziende ed i Brand a cui è interessato; per questo motivo bisogna **puntare** ad una **co-creazione** di **contenuti** di **valore**, **abbandonando** l'**unilateralità**: le aziende devono mettersi in ascolto, **interrogando direttamente la propria utenza**, ponendole precise domande per **definire meglio il target**, **fidelizzando** in questo modo l'**utente che si sentirà ascoltato** e ricoperto di un ruolo.

Lead Ads & Lead Generation

Abbiamo rispolverato i punti base per effettuare una targetizzazione quanto più efficace e precisa, e adesso ci avviamo a **scoprire** un altro **importante meccanismo** di Facebook: i **Lead Ads** e la **Lead Generation**.

Un meccanismo importante, utile, per non dire indispensabile, anch'esso quando si decide di effettuare un'operazione di marketing o di re-marketing. Ovviamente Lead Ads e Lead Generation vanno **viste** ed **affrontate** nella **totalità** dell'intero **piano strategico** della **campagna** che si vuole avviare: tutti i meccanismi spiegati nelle precedenti pagine, andrebbero considerati alla stregua di **piccoli pezzi di puzzle utili a raggiungere l'obiettivo prefissato**.

I Lead Ads non sono altro che un mezzo attraverso il quale è possibile **acquisire dati personali** di un **potenziale cliente** che è stato **intercettato**, perché interessato ai prodotti della propria azienda. L'utente acconsente a lasciare i propri dati personali, il più delle volte senza nemmeno il bisogno di uscire dalla piattaforma social.

I Lead Ads nascono dall'esigenza di **incrementare** il **tasso** di **conversione** delle campagne pubblicitarie su Facebook sui **dispostivi mobile**: una volta che l'utente ha individuato l'annuncio interessato, basta **un click sulla Call to Action presente**, ed immediatamente si apre una finestra **pop-up** all'interno di Facebook con i dati del profilo già precompilati nel form, bastano inoltre altri due click e si ha acquisito un lead.

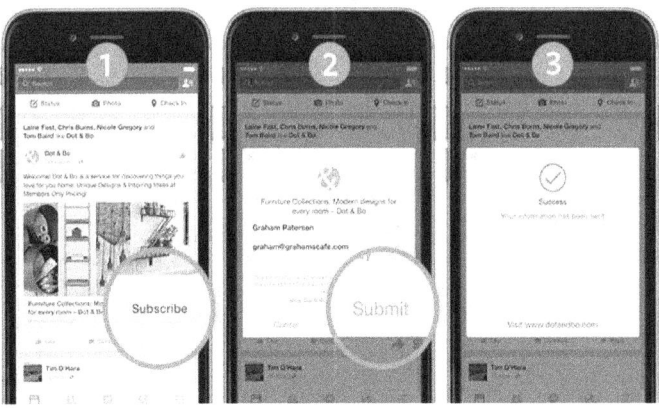

Quando si parla di **Lead Generation**, quindi, ci si riferisce all'**intero meccanismo** (presente su molte piattaforme come Google, Twitter, Instagram, ecc.) un tempo obsoleto, che prevedeva la **compilazione manuale** di un **form** ed il successivo **reindirizzamento** ad una **landing page** di **ringraziamento** che fungeva anche da **tracciamento**.

Con l'**avvento** dei **social** questo **meccanismo** si è **semplificato** sempre di più, talmente tanto che ora è divenuta **istantanea** l'**acquisizione** di **nuovi leads**, se non si tiene conto dei potenziali ostacoli come i **tempi** di **caricamento** o i vari **imprevisti** che potrebbero esserci.

Come abbiamo già accennato in precedenza, anche l'**ottimizzazione SEO** ha un **ruolo importante** durante la creazione ed il proseguimento di una campagna ed è utile anche in un'operazione di remarketing.

L'acronimo inglese – che sta per Search Engine Optimization (dunque, **Ottimizzazione per i Motori di Ricerca**) – altro non è una **disciplina** volta a **migliorare** il **posizionamento** e la **visibilità** dei **siti web** nelle **ricerche organiche**, ovvero **non a pagamento**, nei principali motori di ricerca.

Le funzionalità della SEO, però, non si limitano a questo, ma sono importanti anche per **migliorare** l'**esperienza** dell'**utente** che **visualizza** il proprio **sito web**. Questo tipo di **lavoro richiede** dunque **specifiche abilità creative** in aggiunta a brillanti **capacità tecniche**.

Per **migliorare** il **posizionamento organico** del proprio sito web tramite la SEO **è necessario sapere**:

- Come **funzionano i motori di ricerca**;
- Cos'è il **search engine marketing (SEM)**;
- La funzione delle **keyword (parole chiave)**;
- L'**utilità** dei **tool** e dei **motori di ricerca**

Fidelizzazione dei clienti

Comprendere in che modo fidelizzare – far affezionare, quindi, la propria utenza al proprio brand, o alla propria azienda – passando per vari strumenti di fidelizzazione che presentano tutti funzionalità uniche e quanto più disparate, **è alla base del web marketing**.

Ripassiamo velocemente i **punti cardine** di quest'operazione, che non può e **non deve essere trascurata**:

1. **Fare amicizia ed instaurare rapporti interpersonali** - Questo è un aspetto veramente significativo di fidelizzazione, che va **integrato** alla **simpatia** o attrattiva che **sarà auspicabile suscitare**. Le persone sono più determinate a rimanere fedeli ad un marchio se credono di aver sviluppato un **rapporto autentico**, oltre che **conveniente**. Per riuscire a fidelizzare la propria utenza è necessario **comprenderne i bisogni** e la maniera con la quale soddisfarli nel miglior modo possibile: **prestare attenzione** alle **esigenze** del **cliente non è** una **scelta** da vivere **in opposizione** alla cura che si riserverebbe **ai profitti dell'azienda. Le due cose non si annullano a vicenda.** Infatti,

se il cliente riuscirà a **scorgere** nel Brand dell'azienda **sicurezza, qualità** e **professionalità**, sicuramente sarà più propenso ad acquistare i propri prodotti e/o servizi.
2. **Comunicare è fondamentale** - Tra le varie cause di perdita clientela, il **68%** riguarda l'**insoddisfazione** del **servizio ricevuto** o la **scarsa/pessima comunicazione** instaurata. Non occorre spendere grossi budget, l'importante è essere in grado di **trasmettere** un **messaggio** che sia **semplice, efficace**, e capace di fornire le **informazioni necessarie alla scelta di acquisto**. Se si conoscono davvero le esigenze dei propri clienti, si è **avvantaggiati** nell'**offrire** loro la **soluzione che stanno cercando**. Per di più **comunicare periodicamente** con la propria utenza, inviare loro novità riguardanti i propri prodotti o veicolare informazioni utili, aiuta a **far sì che essi** si **ricordino** del Brand o **dell'azienda**.
3. **Ricompensa** - **Offrire** un determinato **sconto** su una qualsiasi offerta, è sempre una **maniera efficace** di **fidelizzazione**, oltre ad essere un buon **modo** per **incentivare** il **cliente** a **frequentare** il **proprio negozio** o il proprio sito web, piuttosto che quello dei competitors. La chiave di volta è sempre la

stessa: **tentare di stimolare la curiosità dell'utenza**, invogliandola ad acquistare sul proprio sito per approfittare del **vantaggio economico** che si sta offrendo loro. Un cliente che riceve un **ottimo prodotto**, magari ad un **prezzo conveniente**, con un **servizio post-vendita soddisfacente** sarà più propenso a **tornare più spesso sullo stesso sito web**, favorendolo rispetto ad altri. Inoltre, se la **reputazione** che il cliente ha del proprio marchio è **positiva**, questo potrà innescare in lui la voglia ed il desiderio di **parlare del Brand** con il quale s'è trovato bene ad altri, parenti ed amici, **scatenando l'effetto passaparola**: un **metodo efficace** che renderà anche più **semplice** l'**acquisizione** di **nuovi clienti**, oltre ad inspessire il **rapporto di fidelizzazione** con quelli già acquisiti.

Le potenzialità dei gruppi Facebook

Per quanto riguarda la piattaforma Facebook abbiamo visto com'è possibile **creare un evento** – servendosi della landing page generata in maniera automatica da Facebook stesso – la quale ci permette di **controllare gli insights della pagina dell'evento**, attribuirgli un nome, una data specifica insieme ad un orario, **mandare** gli **inviti** e **controllare** le **ade-**

sioni, **scrivere** una breve **descrizione** dell'**evento**, **allegando** persino un sito web esterno per una **ipotetica vendita di biglietti**. Questo è ovviamente solo uno degli innumerevoli mezzi che si hanno a disposizione quando si sceglie di **coinvolgere** in **maniera concreta** la propria **fanbase, dandole un ruolo** per **fidelizzarla** e **farla sentire importante** e "coccolata".

Senza allontanarci troppo da Facebook, hanno una menzione speciale anche i **gruppi** che è possibile creare all'interno della piattaforma, **usandoli** come **strumenti di connessione** e **comunicazione** sempre con la propria utenza. Quando si sceglie di creare un gruppo Facebook, è possibile farlo **collegandolo direttamente** alla **propria pagina Facebook**, per poi personalizzarlo in maniera tale da **renderlo visibile a tutti**, o solamente ad una specifica cerchia di persone selezionate. Inoltre, è possibile anche decidere se rendere il gruppo **aperto** o **chiuso**, **segreto** o **pubblico**, in termini di **visibilità**.

Ogni qualvolta un utente deciderà di iscriversi al gruppo, l'**amministratore** dello stesso – che sarà lo stesso amministratore della pagina – riceverà una notifica contente l'iscrizione effettuata che, ovviamente, potrà **accettare** o **negare**. Inutile specificare che è sempre buona educazione accettare l'utenza che sceglie autonomamente (perché è possibile anche **mandare inviti** di iscrizione al gruppo **direttamente dalla pagina**, ma che verranno recepiti come **spam**) di iscriversi al gruppo, **accogliendola** magari con un **post** di **benvenuto** che sarà opportuno **fissare in alto**, in maniera tale che sia la prima cosa che gli utenti leggeranno una volta varcata la soglia del gruppo.

Esattamente come per la pagina Facebook, e per l'evento, è opportuno ed è consigliato mantenere un certo linguaggio ed un certo stile quando ci si rivolge con e al proprio pubblico. Modificando poi le impostazioni del gruppo, sarà possibile scegliere se **permettere** agli **utenti** di **pubblicare** dei **post** o di permettere **solo agli amministratori** della pagina di farlo, rendendo il rapporto amministratore-utente ancora più professionale, scelta che va optata anche considerando la buona quantità di **spam** che ne **deriverebbe** se si scegliesse di **permettere all'utenza** (specie se numerosa) di **pubblicare** in maniera **autonoma** e **priva** di **vincoli**, sul gruppo. Il discorso di fidelizzazione, ovviamente, è possibile **allargarlo** a **qualunque** tipo di **social network** e a qualunque tipo di strumento presente sulla Rete, in quanto – come è stato detto precedentemente – **ogni** Social offre **potenzialità** e **funzionalità diverse**, che sarebbe intelligente **sfruttare appieno** senza dover necessariamente porsi dinanzi ad una scelta in quest'ambito.

I blog: un'opportunità per le PMI

Facendo qualche **passo indietro**, tornando quindi alla situazione di un decennio fa, un'altra **opportunità vantaggiosa** per le aziende che intendevano investire nel **web marketing**, era costituita dal **blog**, uno strumento antecedente a Facebook, ma **ancora attuale**. I blog possono essere considerati la **prima** vera **forma** di **social media**, ancora prima dell'avvento di Facebook, Instagram ed i vari altri social network che conosciamo oggi.
In origine i blog davano a **tutti** la **possibilità** di **commentare** e di **creare** una **rete** di **contatti** e **relazioni** attraverso il **blogroll** (l'elenco dei siti amici) ed i vari commenti. Nascono come **diari digitali** e **personali**, in cui i **contenuti** vengono **presentati** in **ordine** di **pubblicazione**, dal più recente al meno recente.

Oggi il **blog** si è **evoluto**, e in Rete troviamo questi **contenitori digitali** ed **editoriali**, in cui l'**ordine cronologico** è stato **sostituito** da contenuti presentati in base all'**ordine di importanza**.
Sebbene prima dell'imprevedibile boom causato dai social media i blog costituivano quasi l'unica forma di presenza interattiva aziendale in Rete – e insieme ai **forum** e alle **community** erano gli unici ad offrire la possibilità di un **dialogo diretto con l'utenza** – negli anni hanno gradualmente **perso popolarità**, ed attualmente condividono budget e attenzioni con le piattaforme social più diffuse.
Sicuramente il **blog** costituisce ancora un'**ottima opportunità** per le **PMI**: permette – lo ricordiamo – di pubblicare **post brevi** o **lunghi** (**superando** di gran lunga il **limite** di **caratteri imposto da Fa-**

cebook), di **commentare** e di **rispondere** in **maniera ordinata** ai **commenti ricevuti**, dando **accesso** all'**archivio cronologico suddiviso per argomenti** e post, e di integrare contenuti e commenti provenienti da altri social media.

È considerato ancora uno strumento adatto alle aziende in quanto dà l'**opportunità** di **raccontare** con **parole**, **foto** (chiamate fotoblog), **video** (videoblog) **la vita aziendale all'esterno**; riuscendo anche a **costruire** una **reputazione** di tutto rispetto **nel proprio settore di attività**, e questo grazie all'aiuto di formati come i tutorial e a determinati contenuti specialistici (**ricette**, **istruzioni**, **approfondimenti**); il che consente anche di **sfoggiare contenuti di qualità ed aggiornati**, che **migliorano** la **presenza** degli stessi **nei motori di ricerca**.

IL **CMS (Content Management System, Sistema di Gestione di Contenuti**) più adatto ed utilizzato per la creazione di un blog è **WordPress (www.wordpress.com**), ma una menzione speciale va fatta anche a **Tumblr** – una **piattaforma** recente dall'**uso semplice** ed **intuitivo** (ancor più di Facebook) – che permette di fare **microblogging attraverso** un **profilo** che viene appunto definito **blog**, personalizzabile in ogni minima sfaccettatura.

Newsletter ed e-Mail Marketing

La **newsletter** costituisce un altro fondamentale **mezzo** attraverso il quale è **possibile creare** un procedimento di fidelizzazione con e verso la potenziale cliente. Altro non è che una **casella mail abilitata** solamente ad **inviare mail promozionali** – inerenti alla propria azienda, i propri prodotti o la propria campagna – per **incentivare** il **destinatario** all'**acquisto** o a alla affiliazione.

L'iscrizione alla newsletter può essere stata fatta in **maniera automatica** (magari quando l'utente ha rilasciato il proprio indirizzo mail **compilando un form**) oppure in **maniera manuale**, in questo senso è stato proprio l'**utente a richiedere l'iscrizione alla newsletter** per rimanere aggiornato riguardo le novità del Brand e i prodotti che settimanalmente o mensilmente vengono sponsorizzati.

La **mail contenente un'offerta** – a mo' di volantino virtuale – viene chiamata anche **e-mail transazionale**, ed è un **invio automatico in seguito ad un'azione o ad uno status particolare del destinatario**. In genere questo tipo di strumento ottiene **ottimi riscontri**. Alcune e-mail transazionali possono essere considerate: la **notifica** di avvenuta **registrazione** sul **sito**, le e-mail contenenti un'**offerta** specifica ed **imperdibile**, il **sommario** con le **informazioni** di un **viaggio** appena prenotato **e** via dicendo.

L'obiettivo principale della newsletter è quello di **offrire** un **buon servizio** al **cliente/destinatario**, fidelizzandolo, **accrescendo** la sua **fiducia** nei **confronti** del Brand aziendale e **rassicurandolo**.

Considerati gli **elevatissimi tassi** di **apertura** di queste mail, vengono sempre più spesso utilizzate anche per **proporre altri servizi**, **similari per** forma o **contenuto, a quelli appena acquistati**. È possibile anche avviare intere campagne basate sulla ricezione delle e-mail della newsletter, definite **campagne automatiche**.

Grazie alla newsletter possiamo comodamente collegarci ad un altro strumento utilizzato per fidelizzare il cliente: la **pubblicità nelle e-mail**.

Nonostante non siano conosciuti allo stesso modo delle altre tipologie di pubblicità, le **inserzioni con-**

tenute nelle e-mail restano un efficace strumento di promozione. Permettono all'azienda che si sta pubblicizzando di raggiungere utenti estremamente profilati, e di monetizzare egregiamente, specie se si ospita la pubblicità altrui.
Questo tipo di pubblicità è particolarmente diffusa nel mondo fra le case editrici, che l'hanno trasformata in un ulteriore strumento per monetizzare il traffico in uscita. Illustriamo i **formati canonici**:

- **Banner** - È il **formato classico** per antonomasia, che racchiude **immagini statiche o animate**, video e/ correlate da poche righe di testo che hanno tutta l'**intenzione** di **trasmettere** un **messaggio**, **invogliando** a **compiere** una **determinata azione**, che può essere cliccare per raggiungere il sito web esplorando la sezione delle offerte.
- **Native Ads** - Si tratta di **annunci** cosiddetti "nativi", il cui **aspetto varia a seconda di chi ne fa uso**. Sono contenuti pubblicitari **conformati** in **maniera** tale da **risultare in linea** con il **materiale promosso dal Brand**. Il più delle volte venivano scambiati per annunci puri, ed in seguito alla scoperta che sono in realtà inserzioni a pagamento, le aziende hanno concordato per fare in modo di cambiare il loro aspetto, evitando di renderli fin

troppo ingannevoli e per non vedersi costrette a perdere la fiducia ed il rispetto da parte dei loro destinatari.

- **Contenuti sponsorizzati** - Tra le varie sponsorizzazioni esistenti tramite e-mail, ha preso piede una in particolare che **permette a terzi** di **sponsorizzare** i **contenuti** in **cambio di pubblicità** o **endorsment** nell'e-mail.

Le App

Un altro **strumento** utile ed **essenziale** alla **fidelizzazione** – che ha preso piede proprio negli ultimi anni, con la **comparsa** degli **smartphone** ed un uso sempre più intelligente di queste tecnologie – sono le **applicazioni** (anche chiamate **app**). Ultimamente stanno fioccando sugli smartphone e sui tablet una marea di app legate e a **piccoli** e **medie aziende**. Il **motivo** di questa scelta operata da molti **è semplicissimo** e va ricercato nella perfetta funzione di questo nuovo **algoritmo**, che **permette** all'**azienda** in questione di **fidelizzare in maniera ancora più rapida con la propria clientela**.

Il punto focale dell'intera questione è semplice, forse anche un po' banale: le **app** sono strumenti **facili, intuitivi**, il più delle volte **gratuiti** e **alla portata di tutti**. Funzionano decisamente meglio rispetto alle ormai obsolete tessere, non occupano spazio nel portafoglio ed in esse troviamo esattamente gli stessi meccanismi associati alla vecchia tessera: la raccolta punti, sconti ogni tot. acquisti, buoni acquisto, newsletter personalizzata, ecc.

In sostanza, è un modo per **comunicare in maniera più personale con il proprio cliente,** farlo **affezionare** al proprio **Brand,** o negozio, **aumentando** in questo modo le **vendite effettive.** Inoltre, in un'era super digitalizzata ed all'avanguardia come la nostra, **possedere un'app** in grado di **fidelizzare il cliente,** può rappresentare davvero la svolta: occupa poco spazio sulla memoria dello smartphone, e permette di essere **sempre** in **comunicazione con il proprio cliente,** in un'epoca in cui nessuno ormai esce di casa senza lo smartphone.

Contest e concorsi online

Un metodo più recente ed innovativo di **coinvolgere** la **community** del **proprio Brand** è quello di sfruttare le varie tipologie di **contest e concorsi online**. Chiunque si occupi di vendite sa perfettamente che un'operazione di marketing come questa, potrebbe portare **significativi vantaggi** al proprio brand, **come** l'**aumento** delle **vendite** di determinati prodotti o servizi, la **fidelizzazione** dei **clienti**, un **rafforzamento** della **loyality** (**fedeltà** dei clienti) e della **Lead Generation**. Vediamo alcune **tipologie** di **contest** e **concorsi**:

- **Instant Win** - Una delle modalità più popolari facente parte dei social contest, particolarmente sfruttata dalle aziende. Il suo nome rende chiara nella mente del lettore che si tratta di un concorso che prevede una **vincita istantanea, immediatamente ottenibile dal partecipante**, a patto che si siano seguite le regole che **comportano** il **compimento** di un'**azione precisa**. Questo tipo di **vincita** è strettamente **correlata** con la **casualità**: si tratta infatti, di **fortuna** e **non è richiesta alcuna abilità**. Di solito si chiede preventivamente l'acquisto di uno o più prodotti di uso comune, stimando che **un prodotto corrisponde ad una sola possibilità di vincita**. In questo modo l'**utenza** viene **attratta** dalla **semplicità delle regole** e dall'**immediatezza** del **gioco** risultando più predisposto ad effettuare una compera e a giocare con la fortuna.

- **Concorso Giveaway** - Questa tipologia di concorsi è la più utilizzata dalle aziende che ricercano visibilità e tentano una **facile sponsorizzazione**. Il termine "**Giveaway**" significa **regalare qualcosa**. Questo tipo di contest ha trovato la sua fortuna grazie alle centinaia di migliaia di **youtuber** e **blogger americani**, che utilizzavano in principio questa opportunità al fine di coinvolgere sia i propri followers già fidelizzati, che i nuovi e potenziali clienti interessati a ciò che si stava loro proponendo. Dall'America questa tattica è arrivata pure in Italia, prendendo piede anche grazie alla piattaforma di Instagram. Si tratta di una maniera utilizzata dai Brand per **ricompensare** – **mettendo** a **disposizione merchandising** dell'azienda e del marchio, o prodotti esclusivi ad edizione limitata – **determinati utenti per lo svolgimento di azioni ben precise**.
- **Concorso Rush & Win** - Vengono chiamati letteralmente "**Corri e Vinci**" e sono una tipologia di concorsi in cui la vincita è **determinata** dalla **combinazione** della **velocità** e dell'**abilità** dell'**utente**. Anche se non ha nulla

a che vedere con la corsa vera e propria, il Rush and Win premia chi risulta essere "**il più veloce**" nell'effettuare una determinata azione. Nel creare un concorso di questo tipo, si presta molta attenzione al **palio**, che in genere è costituito da un **numero** di **premi limitato** e **circoscritto**, ed è anche la **brevità** di questo tipo di **concorsi** a **determinare** una **tale decisione** (che poi altro non è che una **strategia di marketing**). Per tutti quelli che non arrivano "**in tempo**" sono stati pensati **ulteriori premi**, differenti sia per composizione che per valore da quelli precedenti. In virtù di ciò è bene sottolineare l'**importanza** dell'**attrattiva dei premi**, che devono **invogliare** l'**utente** a **gareggiare** per vincere.

Chat online

Ennesimo strumento da non sottovalutare è la **chat online**, un **ponte comunicativo che lega** indissolubilmente **cliente e azienda**, specialmente se live chat. Molte aziende in passato sono passate attraverso numeri verdi e sito online, ma nel 2019 l'utenza si aspetta di più, **e se riceve quel di più è** maggiormente **propensa** ad **affezionarsi al brand** e ad acquistare dal marchio poiché vedono una certa **reattività da parte dell'azienda**.

Ancora una volta il concetto che va per la maggiore è l'**istantaneità**, un **obiettivo facilmente raggiungibile** attraverso i social, **utilizzando mezzi di comunicazione super veloci** e low cost come le chat.

Beh, che dire, non c'è proprio paragone con il vecchio numero da chiamare – restando magari ore ed ore in attesa ad aspettare; in questo senso la **chat** è **molto più facile, accessibile** ed **imita** il **processo comunicativo** che l'**utente ha con parenti, colleghi** ed **amici**.

Per accrescere maggiormente la capacità di fidelizzazione, dunque, optare per una **live chat** potrebbe essere la **giusta soluzione**, evitando categoricamente – va da sé – di usare una **chatbot (con messaggi di replica generati da un computer)**: i clienti si aspettano di **comunicare velocemente** ma soprattutto si aspettano di trovare dall'altra parte una **persona in carne ed ossa** pronta a soddisfare ogni loro bisogno, ed in fondo è ciò che meritano.

Altro metodo di utilizzare una chat è di trasformarla in una **conversazione aperta** a **suggerimenti** e **consigli** che riguardano, ovviamente, la propria azienda, il proprio Brand ed i propri profili social implicati nell'attività.

Incentivare l'**utente** a **dispensare consigli** (**che andranno messi in pratica poi**, per non penalizzare l'intero processo) è un **buon metodo** per **fidelizzare** e **ricoprire** il **cliente** d'una **certa importanza**, che non tutte le aziende sono disposte a dare.

Favorire dunque domande come: "**Quali sono i tuoi suggerimenti per usare il nostro prodotto?**", "**Cosa desideri vedere nella prossima versione del nostro prodotto?**", dando piena libertà all'utente di poter liberamente porre domande attraverso i canali social.

In conclusione, abbiamo potuto vedere molti **strumenti** con i quali **avviare** ed **instaurare** un **processo** di **fidelizzazione** quando si parla di web marketing e, più in generale, di e-commerce.

Secondo numerose ricerche online, infatti **ciò che rende fedeli i clienti** ad un determinato marchio sono poche semplici voci, ma è interessante notare la **percentuale accanto ad ognuna** di esse per farsi un'idea in merito:

- **Qualità** (88%);
- **Servizio** clienti (72%);
- **Prezzo** (50%);
- **Comodità** (45%);
- **Politiche** di responsabilità sociale del produttore (15%);
- **Status** symbol rappresentato dal marchio (12%).

Come controllare i dati e analizzarli

Nei capitoli precedenti abbiamo già affrontato l'importanza degli **Insights** – ovvero tutti i dati che riguardano più piattaforme (e non solo Facebook) che servono a **misurare** l'**andamento** della pagina, **suddividendoli** per **categorie**: Insights della **pagina**, dei **video**, dei **post**, delle **app** e via dicendo.

Ancora una volta però, è opportuno ribadire quanto questi dati siano importanti quando si tratta di investire nel web marketing ed in una campagna pubblicitaria, che, ovviamente, porta via un bel po' di tempo oltre che di soldi. **Conoscere questi dati** per poterli sfruttare al meglio è di vitale importanza, qualora essi raccontassero una strategia sbagliata o che si sta rivelando infruttuosa, per poter correggere e raddrizzare il tiro, e dunque migliorare l'efficacia della propria azione sul mercato, apportando cambiamenti nella performance dei singoli post e della pagina stessa. Essere in grado di leggere e di interpretare i dati dei propri Insights, quindi, permetterà di comprendere l'andamento stesso della pagina, rispondendo a tante altre domande del caso.

In tutto ciò bisogna tenere presente che gli Insights visuali – che si trovano direttamente all'interno della pagina – forniscono dati sommari ed indicativi, il più delle volte temporaneamente sballati ed inesatti poiché vittima di frequenti ed imprevedibili bug.

Gli Insight visuali – che si trovano nel pannello amministrazione della pagina alla voce omonima, si suddividono in:

- Panoramica – È la sezione che viene visualizzata in primis e permette d'avere un'idea immediata della performance dell'intera pagina nell'ultimo periodo. Qui è possibile scegliere di visualizzare i dati filtrandoli per oggi, ieri, per l'ultima settimana o per l'ultimo mese, confrontandoli con il periodo precedente.

È possibile calcolare l'ammontare delle azioni che sono state effettuate, l'ammontare delle persone che hanno visualizzato la pagina, delle visualizzazioni ricevute, dei mi piace ottenuti sulla pagina e tanto altro ancora.

- "Mi Piace" – Questa sezione si concentra invece sull'andamento globale della pagina illustrando nello specifico l'acquisizione e la perdita fan. Grazie all'apposito filtro è possibile, inoltre, creare dei confronti con lassi di tempo precedenti. Prestando attenzione ai grafici che verranno proposti è consentito valutare come la propria fan base sia progredita nel tempo, e scoprire attraverso quale strumento o canale le persone sono diventate fan della pagina. Un'importante differenziazione che la piattaforma di Facebook offre è quella tra i "mi piace" organici, a pagamento, e netti, che vengono poi messi a confronto.
- Copertura – Questa sezione illustra la copertura (in inglese Reach), cioè il numero complessivo di persone a cui è stato mostrato il proprio post, o meglio, il numero di persone a cui effettivamente quel post è "passato davanti" in homepage. Anche qui, esattamente come per la sezione precedente, è possibile differenziare tra la copertura organica, a pa-

gamento e netta, notando come all'aumentare di quella a pagamento, aumenti anche quella organica. Più sotto, è possibile trovare anche i **feedback negativi**, ovvero i post nascosti o segnalati come spam e "**Non mi piace più**". A questi numeri è sempre opportuno **prestare la giusta attenzione**, considerando che è perfettamente normale – specie in pagine di grandi dimensioni che contano numerosi post attivi – ma che vale sempre la pena di **indagare adeguatamente** quando c'è qualche **anomalia**.

- **Visualizzazioni della pagina** – Questa sezione è forse la più interessante perché permette di **calcolare** non solo l'**ammontare** di **visite generate** sulla pagina e su tutte le parti che la strutturano nel complesso, ma anche **da dove queste visite effettivamente provengano**. Grazie a questa sezione si potrebbero scoprire **meccanismi intrinsechi** alla piattaforma di **Facebook**, che il più delle volte vengono **ignorati** o **fraintesi**, per il semplice fatto che non si presta la giusta attenzione a quelle che, solo in teoria, sarebbero minuzie da sottovalutare. Restando in questa sezione è possibile vedere **quante volte** sono state **visualizzate** le **singole sezioni** della **pagina** (informazioni, foto, diario, ecc.) ma anche **quante persone** le hanno effettivamente **visualizzate** e le **relative caratteristiche suddivise** per i soliti **filtri**: età, genere, città, dispositivo.

- **Azioni sulla pagina** – In questa sezione è possibile vedere con precisione il **numero complessivo** delle **azioni** che sono state **svolte sulla propria pagina**: ad esempio, quanti click ha totalizzato il pulsante delle indicazioni stradali, quanti il numero di telefono, quanti il sito web e l'ammontare degli all'azione andati a buon fine. Anche qui, esattamente come sopra, è **possibile scoprire** per ognuna di queste azioni, l'età, il genere, il Paese, la **città** ed il **dispositivo da cui si naviga**.

- **Post** – Questa sezione è a sua volta suddivisa in tre voci: "**quando i tuoi fan sono online**", "**tipi di post**" e "**post principali delle pagine che tieni sotto controllo**". Analizzando la prima voce, si riscontra la dicitura "Giorni" e sotto alcune colonne con i numeri dei fan attivi nel giorno della settimana specifico. **Filtrando** per un **qualsiasi giorno** della **settimana** si vedrà il **grafico** "**animarsi**" con una **linea blu** che indica più o meno **quanti** dei propri **fan** sono **attivi nell'arco della giornata** e nell'**orario specifico. Ma a cosa servono esattamente tutte queste informazioni?** Senza alcun dubbio danno la possibilità di **creare** un **calendario editoriale** personalizzato in base a quando i propri fan sono, presumibilmente, più presenti nel loro New Feed, (anche se è **consigliabile** comunque **fare dei test a riguardo**). Il fatto che i fan siano più numericamente presenti in una determinata fascia oraria non significa che siano **più ricettivi** o più **propensi** ad **interagire con quel** tipo di **contenuto**. Per quanto riguarda i post, invece, scendendo nella pagina di questa voce specifica ci si ritroverà di fronte i dati relativi al post con **data**, il **post specifico**, il **tipo** (link, foto, status, ecc.), **destinatari** (riguarda le impostazioni di privacy del post), **copertura** (utenti raggiunti dal post), **coinvolgimento** e l'onnipresente **tasto per promuovere il post** direttamente da questa sezione. Per la copertura sarà possibile scegliere se visualizzare la copertura organica e quella a pagamento, oppure quella complessiva, o ancora se suddividerla per fan/non fan (molto interessante questa voce). Stessa cosa vale per il **coinvolgimento**, ed è **possibile scegliere** se visualizzare **click sul post**, "mi piace", **commenti** e **condivisioni**, solo "mi piace", commenti e condivisioni, i **feedback negativi** o il **tasso** di **coinvolgimento** (la percentuale di persone che hanno interagito con il proprio post rispetto a quante lo hanno solo visto e basta). L'ammontare di questi dati sono è da tenere in considerazione per stabilire **quali e quante interazioni** ha generato il proprio post e che bacino d'utenza ha toccato. Il tasso di coinvolgimento (**engagement rate**) **dispensa** un'**ulteriore indicazione fondamentale** per **comprendere** quanto è **performante** il **proprio post** in termini relativi, **confrontando** i **dati** di chi ha solamente **visualizzato** il **post** o di chi ci ha **anche interagito**. Ma non è tutto, perché Facebook offre anche la possibilità di tenere conto di tutto ciò che accade in seguito, una volta che il post è stato condiviso. Una volta che questo è stato postato, esso "**viaggia**" letteralmente tra le bacheche di amici, parenti, **assorbendo**, come una spugna, **interazioni** che la maggior parte delle volte è impossibile vedere a causa impostazioni di privacy. **Questi dati**, che vengono raggruppati per tipologia, **consentono** di **ravvisare** gli **eventuali commenti negativi ricevuti** mettendoli a **confronto** con i **precedenti feedback negativi registrati** nelle sezioni precedenti, al fine di **osservare** se e **quale post li aveva generati**. Anche qui è bene sapere che alcuni bug potrebbero non rilevare o rilevare male i click ricevuti, che non sempre coincidono con quelli reali, per cui si consiglia di fidarsi del proprio sistema di monitoraggio e analisi del sito, nonché di usare ottimi **URL shortener** (bit.ly, ow.ly, go.gl, ti.ny, ecc.) per avere un'**idea** più **precisa** del **traffico generato** da Facebook. Passando alla terza ed ultima voce, qui Facebook comunica **quale tipologia di post** – in base alla più utilizzata – **performa meglio in termini di coinvolgimento** (click, interazioni manifeste, copertura, ecc). Ovviamente questa sezione viene costruita ad hoc in base alla tipologia di contenuti che nella propria strategia va per la maggiore: ad esempio se si pubblica sempre e solo foto, al primo posto vedremo le performance delle foto e così via. In questa sezione è possibile **ricevere direttive interessanti** e **consigli** vantaggiosi che **ravvisano** l'**inserzionista** circa **quale** tipo di **contenuto** e di formato **performa meglio**, (in termini di copertura e di engagement) nel caso in cui la propria strategia utilizzasse più tipologie.

- **Persone** – In questa sezione è possibile **visualizzare se le singole persone che costituiscono la propria fanbase** – e che vengono raggiunte e coinvolte dai propri contenuti negli ultimi 28 giorni – **sono in base al sesso, alla fascia d'età, al luogo, "in target"**. Qui è possibile visualizzare molte schermate e grafici che **suddividono** le **persone** per le **caratteristiche citate**, ma è opportuno sempre tenere a mente che durante l'atto di registrazione a Facebook, non tutte quelle persone potrebbero essere state **sincere** e veritiere, e che i **dati tracciati** dalla piattaforma – che è possibile visualizzare in questa sezione – **potrebbero** essere **considerati nulli**.

- **Persone in zona** – Da qualche tempo sono stati inseriti dei nuovi e potenti **Insights specifici** per le **attività locali**, che autorizzano a tener conto non solo le caratteristiche demografiche delle persone in zona (nel raggio di 50 o 150 metri dall'attività) per l'ultima settimana, mese o trimestre, ma soprattutto gli **orari più attivi, ovvero l'ora del giorno e il giorno della settimana del periodo d'interesse in cui la maggior parte delle persone presenti su Facebook si trovavano nelle vicinanze della zona indicata**. È possibile reperire dati davvero interessanti a riguardo, tra i quali quelli delle persone passate nei dintorni, e in quale percentuale le proprie inserzioni hanno raggiunto persone nell'arco di 50 metri dal punto indicato.

- **Messaggi** – In questa sezione qui è possibile reperire tutti i **dati relativi** alle **performance** della **pagina** nella **coordinazione** dei **messaggi ricevuti** ed **inviati**. Per poter meglio definire il tasso ed il tempo di risposta, lo stesso Centro di Assistenza Facebook dà al riguardo informazioni più che esaurienti: "*Il tasso di risposta è la percentuale di nuovi messaggi a cui la tua Pagina invia una prima risposta nel giorno in cui vengono ricevuti. Il tempo di risposta è il tempo medio che la tua Pagina impiega per inviare risposte iniziali a nuovi messaggi in un giorno*". Quando si parla di messaggi, occorre però, tenere presenti alcuni punti: in primo luogo il **tasso** ed il **tempo** di **risposta** si **basano** solo sulla **prima risposta** della propria Pagina **a una conversazione**, non sui messaggi successivi nella stessa conversazione quel giorno; nel caso in cui si dovessero ricevere messaggi quando lo stato della propria Pagina è impostato su "**Assente**", le **impostazioni** relative alla **reattività** per quei messaggi **verranno** calcolate dall'**algoritmo** nell'istante in cui la **Pagina torna disponibile**.

In aggiunta a tutti gli Insights esaminati finora, esistono anche **tipologie** di **Insight** (più sconosciuti) che **permettono** di **approfondire** specifici meccanismi e forniscono un **quadro più chiaro** della performance della propria **pagina**. Questi Insights è possibile ottenerli **esportando** i **dati**, che racchiudono centinaia di particolarità in più rispetto agli Insights "classici" presenti nel pannello di gestione.

Per fare ciò basta cliccare sul tasto "**Esporta**" in alto a destra, **scegliere** il tipo di dati da esportare e l'**intervallo desiderato** (per ottenere dati ancora più attendibili è opportuno **attendere almeno 24 ore**), tenendo sempre presente che è possibile esportare fino a 500 post alla volta e che si deve selezionare un intervallo di tempo inferiore ai 180 giorni. Il più delle volte questi **dati** risultano **più affidabili rispetto** a **quelli presentati** dal **formato visuale**, in cui non si contano nemmeno i bug periodici di Facebook. Inoltre, data la discrepanza tra le due tipologie di dati (visuali ed esportati) è consigliato prendere come **punto** di **riferimento** sempre e solo un'**unica tipologia** a **discapito dell'altra**.

1. **Dati della pagina** — In questa sezione è possibile rintracciare le **metriche principali** che aiutano a comprendere le **interazioni ricevute** e la **loro provenienza del** proprio **pubblico, rispetto** alla **propria Pagina**. È possibile **scandagliare** e **rintracciare dati** in moltissimi **documenti** che **trattano** l'**andamento** della **Pagina** che aiutano a **rispondere** a **domande** che **riguardano** crescita e perdita **fan, coper-**

tura, visualizzazioni, consumatori e utilizzi della Pagina, commenti negativi, registrazioni e fan online per giorno. "Distribuzione di frequenza", "Persone che parlano di questo argomento", "Persone che hanno interagito con la Pagina", "Mi piace per sesso, città o lingua", "Dati demografici della copertura", "Copertura per città e copertura per lingua", "Demografia persone che ne parlano", ecc. sono solo **alcune** delle **tab che è possibile scandagliare** per avere un'idea più chiara e precisa del rendimento effettivo della propria Pagina.

2. **Dati dei post** – Questa sezione è dedicata alle **informazioni specifiche** e dettagliate **riguardo** ai **post** per alcuni procedimenti di cui si è già parlato: la **divisione** per **giorno**, **settimana o 28 giorni**; inoltre se s'è **impostato** un **pubblico particolare** per il post (lingua e/o luogo) si trovano anche questi dati.

3. **Dati dei video** – Per avere accesso a questi dati bisogna avere caricato dei video direttamente su Facebook. Questa **tipologia** di **dati consente** l'**accesso** alle **informazioni circa** le **visualizzazioni**, la **copertura**, il **numero di visualizzazioni totali** e quelle **singole**, quante persone hanno visualizzato solamente **pochi secondi** o **per intero** il proprio video e tanti

altri dati che **aiutano** a **comprendere** la sua **performance**, sia che esso sia stato sponsorizzato oppure no. È possibile tra l'altro, **combinare questi dati** tra loro per **ottenere** le informazioni che più interessano, e quindi ricavarne **dei KPI** (Key Performance Indicator, **indicatore chiave di prestazione**) come ad esempio: **fan engagement rate**, numero di utenti coinvolti o fan raggiunti per singolo post; **organic reach penetration**, numero di fan raggiunti o fan totali della pagina in un determinato giorno; **post consumption rate**, numero di utilizzi post rispetto a tutte le altre impressioni generete dal post.

Il calcolo del ROI

Nel momento in cui si sceglie di acquistare pubblicità a pagamento, bisogna tener conto del proprio **ROI** (Return On Investment), ovvero il proprio **ritorno sull'investimento**. Calcolarlo è estremamente importante, così come lo è **calcolare** il **profitto** degli **Ads** o qualunque altra strategia di marketing.
Per calcolare il ROI di un annuncio si deve **determinare** il **valore** di **ogni azione** ed il **costo** di **ogni azione**, questa l'equazione:

(guadagno − investimento) / investimento.

Prima di comprendere il profitto che si andrà a trarre dagli annunci di una determinata campagna, bisogna capire che cosa si vuol ottenere da quegli annunci. Se la campagna è per **lead, conversioni, click sul sito, offerte,** ecc. si dovrà **impostare** l'**obiettivo** nel **processo** di **creazione** dell'annuncio.

Una volta compreso come muoversi, è tempo di **avviare** la **campagna mettendo online** gli **annunci**, per poi **ottimizzare** la **campagna volta per volta** a seconda delle necessità. Durante questo periodo in cui gli annunci sono attivi, è possibile tracciare i risultati usufruendo di Ads Manager. In seguito, si dovrà **calcolare quanto** si è **speso** per gli **annunci** per **ottenere questi risultati**.

Per fare ciò, bisogna calcolare **quanto si ha speso sulla campagna**, incluse le ore per crearla ed il **costo di strumenti di terze parti**. Poi è la volta di **analizzare** i **risultati**, una volta **terminata** la **campagna**. Si è riusciti nell'intento di raggiungere l'obiettivo che ci si era prefissati? Quante conversioni si sono ottenute?

Per ottenere le informazioni necessarie per calcolare il proprio ROI bisogna guardare sugli annunci di Facebook, **considerare** il **valore medio** di un **cliente**, poi **moltiplicarlo** per il **numero** di **clienti ottenuti dagli annunci**. In questo modo si avrà il **guadagno complessivo** che dovrà essere **inserito** nell'**equazione ROI**. Qualsiasi ROI al di sopra di 1 è considerabile un profitto e qualsiasi ROI al di sotto di 1 è considerabile una perdita.

Questa equazione permette di determinare il **profitto** a **lungo termine** dei propri annunci, e permette di **capire quali sono vantaggiosi** e **quali no**. Questa semplicissima operazione matematica permette di capire **quali annunci** stanno ottenendo un **profitto maggiore** e quali stanno invece **facendo perdere soldi**, in maniera tale da **ottimizzarli** e fare in modo di **guadagnare** di **più**. Avendo questi dati in mano e sfruttando il ROI si dovrebbe essere in grado di **ottimizzare** i **propri annunci**, e di conseguenza la **propria campagna**.

Tutti questi **calcoli**, però, potrebbero essere più **difficili** per quelle **campagne** che **non vendono direttamente prodotti**, ma che sono state impostate in maniera tale da ottenere più mi piace e per far guadagnare in esposizione la propria azienda.

Un cliente che segue la propria Pagina potrebbe mettere costantemente mi piace per parecchi mesi prima di visitare il sito o decidere di acquistare un prodotto. È quindi di **fondamentale importanza controllare** i **risultati** anche per **lunghi periodi** di **tempo (6-12 mesi)** in modo da **ottenere** un **quadro** più **preciso circa** i **risultati ottenuti** dai propri annunci, che **potranno in potenza far guadagnare in termini** di **vendita**.

È opportuno **tracciare** la **stima** dei **costi** e dei **risultati** di ogni campagna pubblicitaria, le **azioni compiute** dagli utenti e le **vendite generate grazie a Facebook**. In questo modo si potrà calcolare il proprio **ROI** su **periodi di ampio respiro**.

Gli **Ads** costituiscono la **parte primaria** per il marketing, e quando si **comprende in che modo agisce** la **propria utenza** sarà più **semplice dedurre** quali **campagne porteranno i migliori frutti**.

DISCLAIMER

Tutti i marchi registrati e loghi citati in questo libro appartengono ai legittimi proprietari. L'autore non pretende né dichiara alcun diritto su questi marchi, citati solo a scopo didattico.

Sebbene i contenuti di questo libro vengano periodicamente aggiornati e modificati, non l'autore non può escludere che al loro interno vi possano essere errori e/o omissioni che in qualche modo mettano in dubbio la correttezza delle notizie fornite.

L'autore in questo caso non si ritiene in alcun modo responsabile di eventuali danni conseguiti a quanto pubblicato. Anche l'elaborazione dei testi, seppure curata con scrupolosa attenzione, non può comportare specifiche responsabilità per involontari errori o inesattezze.

NOTE

FACEOOK & INSTAGRAM ADS

www.ingramcontent.com/pod-product-compliance
Lightning Source LLC
Chambersburg PA
CBHW070647220526
45466CB00001B/323